国旗・国歌・国民

スタジアムの熱狂と沈黙

弓狩匡純

角川新書

はじめに

私たちは、近代の夜明けと共に国旗と国歌に出会いました。今や私たちのライフスタイルには欠かせないスポーツもまた、黒船と共に大海原を越えて、この地にやって来ました。今から遡《さかのぼ》ること一四〇年、『君が代』は初めて宮中内で奏でられ、日の丸は一六六年前に徳川幕府によって日本の旗印として定められました。西洋で生まれたスポーツが、この国の学校教育に採り入れられたのも、散切り頭を叩《たた》いてみれば文明開化の音がした明治時代のことでした。

市民革命、産業革命を経て私たちは、「近代」を迎えます。村落の習俗や宗教によって支えられていた封建的な価値観から、理性や個人に重きを置く科学的な思考へと大きく舵《かじ》を切りました。

それまで私たちは「国家」、そしてそこに帰属する「国民」といった概念は持ち合わせていませんでした。農民は先祖伝来の土地を淡々と耕し、狩人は縦横無尽に大地を駆け巡っていました。

目には見えない国境線によって仕切られた「国家」も、当初は人々を統治する「器」として捉《とら》えられていましたが、やがて民主化の荒波に呑《の》み込まれ、国民国家という政治的共同体へと、その姿を変えて行きます。

　こうした近代国家に与えられたシンボルが国旗であり、国歌でした。個々の歴史や文化、思想、そして信仰を表したその意匠、その楽譜には、国が誕生した歴史的背景や産みの苦しみ、そして理想がしっかと刻み込まれています。それは、為政者が変わろうと、政体が崩壊しようとも、国民の支持がある限り、動じることなく翻り、流れ続けているのです。

　スポーツもまた「近代」の申し子といえるでしょう。十八世紀まで欧州では王国が乱立し、隣国との諍《いさか》いが五年、十年と長引くに伴い国力は低下し、国民も疲弊して行きました。近代スポーツは、血で血を洗う武力衝突に代わる手立て、代理戦争として発展してきた側面があります。

　腕自慢に勝敗を競わせることで、国の威信を高め、愛国心を鼓舞する装置として近代スポーツは機能して来たというわけです。一方で、大航海時代の幕開けにより、他国との交流が拡がるにつれて、友好親善を深めるツールとしてもスポーツは、大きな役割を担って来ました。

そのため、オリンピックやFIFAワールドカップを始めとするスポーツイベントで国旗の掲揚、国歌の斉唱は、なくてはならない儀式となっています。国家の顔である国旗と、主題歌である国歌によって、各国がアイデンティティを国内外に誇示する瞬間です。

それだけに国旗・国歌は、ナチス・ドイツの例を引くまでもなく、時の権力者によってプロパガンダの道具として利用されることも少なくありません。老若男女が熱狂するスポーツもまた、ナショナリズムに翻弄された負の歴史に彩られています。

ありとあらゆるスポーツは、優劣を決めることが基本原則であるため、「国家」を背負った母国の代表選手・チームに肩入れする余り我々は、人種や宗教、性別などによって他者を貶《おとし》めたり、排除してしまう危険性を常に孕《はら》んでいます。

その一方で、世界共通のルールに則《のっと》り、定められた条件下で行われるスポーツ競技には、一定の中立性が担保されています。試合開始のホイッスルが鳴るまでは、参加者が平等な立場でなければ「ゲーム」は成り立ちません。

また、ラグビーの「オフサイド」に見られるようなフェアプレイの精神も、競技の根幹を成す重要な要素です。反則からドーピングに至るまで、「不正」は最も忌み嫌われる行為です。こうした格差や差別が排除された非日常空間であればこそ、競技する者はアドレナリンを刺激され、観る者はカタルシスを覚えます。

それぞれの国民にとっての普遍的な価値観を表した国旗・国歌も、思想信条を超越した愛国心の発露として、暴君や独裁者に闘いを挑む市民たちにとっての篝火《かがりび》ともなってきました。自らの手で独立を勝ち取り、固有の文化を築き上げた誇りが、愛国心のベースとなっています。

本書では、国旗・国歌とスポーツの数世紀にわたる愛憎関係をつぶさに繙《ひもと》くことで、我々が辿《たど》った「近代」という時代を解き明かして行きます。国民国家という共同体を讃《たた》える国旗・国歌。そして我々の肉体的・精神的高みを謳歌するスポーツ。このふたつの関係性をより良く知ることで、我々が生きる「現代」の立ち位置も明らかとなることでしょう。

東京で開幕される予定の第三二回オリンピック競技大会を控え、改めて国旗・国歌そしてスポーツの意義を問うてみることで、表彰式で掲揚される日の丸や演奏される『君が代』は、私たちにこれまでとは違った顔を見せてくれるかも知れません。

二〇二〇年四月四日

弓狩匡純

目次

図版作成　山下武夫（クラップス）

第一章　国旗・国歌とスポーツとの出合い

国旗はシンボルマーク、国歌はテーマソング

一九六四年十月十日午後一時五〇分。東京・新宿《しんじゅく》、晴天。国立霞ヶ丘《かすみがおか》陸上競技場（旧・国立競技場）には、陸上自衛隊中央音楽隊が奏でる壮麗な『オリンピック序曲』（作曲 團伊玖磨《だんいくま》）が流れ、『オリンピック・カンパノロジー』（作曲 黛敏郎《まゆずみとしろう》）の旋律に合わせて参加各国の国旗が一斉に掲揚されました。

また、日本放送協会（ＮＨＫ）のテレビ画面からは北出清五郎《きたでせいごろう》アナウンサーの、「世界中の青空を全部東京に持って来てしまったような、素晴らしい秋日和でございます」といった名調子が、衛星生中継を通じて全国、そして全世界へと届けられました。

昭和天皇・香淳《こうじゅん》皇后がロイヤルボックスに姿を現すと、『君が代』が厳かに奏され、続いて九月に隊長に就任したばかりの斎藤徳三郎《さいとうとくさぶろう》2等陸佐率いる二一〇名の陸上自衛隊中央音楽隊による軽快な『オリンピック・マーチ』（作曲 古関裕而《こせきゆうじ》）が超満員のスタジアムを満たし、オリンピック発祥の地ギリシャ共和国を先頭に参加九四ヶ国、七〇六〇人による入場行進がスタートを切りました。

「第十八回近代オリンピヤードを祝い、ここにオリンピック東京大会の開会を宣言します」

1964年東京オリンピックの自衛隊の音楽隊のファンファーレ
（写真提供：陸上自衛隊中央音楽隊）

東京オリンピック聖火リレー。成子坂付近（新宿歴史博物館蔵）

昭和天皇が開会宣言を行い、同・音楽隊の玉目《たまめ》利保《としやす》副隊長（3等陸佐）の指揮の下、純白の特別儀仗《ぎじょう》演奏服装に身を包んだ約三〇名の隊員らが吹奏する『東京オリンピック・ファンファーレ』（作曲 今井《いまい》光也《みつや》）が高らかに鳴り響きます。

それは五輪マークが縫いつけられたエンブレムを纏《まと》った黄金色に輝く「ニッカン・ファンファーレ・トランペット№.4（旧・日本管楽器製造、現・ヤマハ）」が、華やかにオリンピック東京大会の幕開けを告げた瞬間でした。

文豪・三《み》島《しま》由《ゆ》紀《き》夫《お》は、開会式で聖火の最終ランナーとして聖火台の上に立った坂井《さかい》義則《よしのり》を評して、このように綴《つづ》っています。

彼が右手に聖火を高くかかげたとき、その白煙に巻かれた胸の日の丸は、おそらくだれの目にもしみたと思ふが、かういふ感情は誇張せずに、そのままそつとしておけばいいことだ。日の丸のその色と形が、なにかある特別な瞬間に、われわれの心になにかを呼びさましても、それについて叫びだしたり、演説したりする必要はなにもない。

（『東洋と西洋を結ぶ火——開会式』より）

東京で開催される予定のオリンピックを始めとするスポーツの国際競技大会において、国旗と国歌は極めて重要な役割を担っています。開・閉会式から表彰式、または試合前の国旗掲揚・国歌斉唱など、様々な場面に顔を出す国旗は国のシンボルマークであり、国歌はテーマソングであるため当然といえば当然でしょう。

国賓や公賓が他国を訪れると受け入れ国は国旗を掲げ、国歌を演奏して手厚くもてなします。それは単なる国家元首に対する栄誉礼に留《とど》まらず、その国の文化、歴史、そして国民に対する敬愛の情を簡易に示すセレモニーの一環なのです。

スポーツマンシップに則《のっと》り、国際競技会でも同じく国旗を掲揚し、国歌を演奏し相手国の選手、スタッフを讃《たた》えます。それは、取りも直さず血の滲《にじ》むようなトレーニングを積み重ね、人類の身体的、精神的限界に臨む同胞へ向けられた敬意の表れでもあります。

民族色豊かな国旗と国歌

二〇一九年に我が国で初めて開催されたラグビーワールドカップでは、試合前に行われる国歌斉唱を観客が選手と共に分かち合うおもてなしが、世界中のスポーツファンの称賛を浴びました。

九月二五日に岩手県釜石《かまいし》市の鵜住居《うのすまい》復興スタジアムで行われたウルグアイ東方共和国対フィジー共和国戦は、ウルグアイが同大会では十六年振りの勝利を収めるといった好ゲームとなりましたが、同国のファンマヌエル・ガミナラ主将は試合前に思わぬ歓待を受けます。

「マスコットキッズが、スペイン語で（国歌を）最後まで歌ってくれた。すごくびっくりしたし、本当にうれしかった」［（ ）は著者が加筆］

ウルグアイの国歌を見事に歌い切った八歳の青木《あおき》創太《そうた》君は、同国を担当することを知らされ、「一緒に歌えば、自分の国で試合している気持ちになってくれるかも」と考え、インターネット動画を見て、練習を繰り返したといいます（「東京新聞」二〇一九年九月二八日付夕刊）。

このように国旗掲揚、国歌演奏時には出場国に敬意を表し、両国選手のみならず観客も起立し、脱帽して、静かに聞き入る、または斉唱する習わしとなっています。

国歌にはギリシャのように一五八節まであるものや（ただし、国歌として制定されているのは二四節まで。公式の場では通常二節が歌われます）演奏時間が僅《わず》か三二秒と世界で最も短いカタール国の国歌に至るまで多種多様。
民族色豊かな国旗や国歌を通じて我々は、各国のお国柄を垣間見《かいまみ》ることができます。

サッカーが代理戦争に!?

しかしながら格式と儀礼を重んじる外交の場ではなく、ややもすれば感情が剝《む》き出しとなるスポーツの試合会場においては、不測の事態にも見舞われます。特にフーリガンと称される熱狂的なサポーターが集うサッカーの試合ともなれば尚更《なおさら》です。

二〇一八年にロシア連邦で開催されたＦＩＦＡワールドカップにおいてメキシコ合衆国代表は、優勝候補の筆頭に挙げられていたドイツ連邦共和国代表と初戦で相対し一対〇で歴史的勝利を収めました。その試合の決勝点となったゴールをイルビング・ロサノ選手が決めた瞬間、首都メキシコシティでは狂喜乱舞するサポーターたちによって人為的な地震が発生したとツイッターが報じ、世界中のサッカーファンを驚かせました。

メキシコ国立自治大学地球物理学研究所のショーリ・ラミレス・カンポス氏が、「大勢の人の動きが地震計に計測されるような振動を作り出すことはあり得るが、地震による波形とは異なる」と噂を否定し、一件落着しました（ＡＦＰ二〇一八年六月二〇日付）。

それほどの振動を起こすほど、全競技人口が二億六〇〇〇万人、ＦＩＦＡワールドカップのテレビ視聴者数が全世界で延べ三〇〇億人にも上るサッカーは、世界中の庶民の生活、いや人生の一部と化しているのです。

それはサッカー大国と称されるブラジル連邦共和国やイタリア共和国だけではありません。

二〇一七年にニールセンスポーツが調べたところによれば、世界で最もサッカー熱が激しい国はアラブ首長国連邦で、国民の八〇％がサッカーに興味があると答えています。意外なことに、これにタイ王国が七八％で続いています。

それだけにライバル国が対戦相手ともなればサポーターは、老いも若きも戦闘的な態度に豹変《ひょうへん》してしまいます。まさに代理戦争、サッカー戦争と称される所以です。相手国の国歌斉唱時に観客がブーイングするなど日常茶飯事。私設応援団同士が乱闘騒ぎを起こすことも珍しくありません。

実際に、戦争の引き金となった試合もあったほどです。中南米の隣国、エルサルバドル共和国とホンジュラス共和国は一九五〇年代から、国境問題や移民問題、貿易摩擦を抱えていました。特にホンジュラスが農地改革の実施に踏み切ったことから一万四〇〇〇～五万人にも上ったエルサルバドル移民が強制送還されることになり、関係は一気に悪化します。

一九六九年六月二三日にエルサルバドル政府は国家非常事態宣言を発布し、二六日には国交断絶を宣言。ホンジュラス政府も負けじと二七日には国交を断絶し、臨戦態勢に入ります。

そんな折、ＦＩＦＡワールドカップ・メキシコ大会の北中米・カリブ海予選で、両国が激突することとなります。

一勝一敗で迎えたプレーオフ。メキシコシティの『エスタディオ・アステカ』は入場者数を二万人に制限し、両国のサポーターをメインスタンドとバックスタンドに分け、その間には催涙ガス銃を携えた機動隊員を配置するといった厳戒態勢で試合に臨みます。

結果は、エルサルバドルが三対二で勝利を収め最終ラウンドへ駒を進めましたが、敗戦に失望したホンジュラスでは、エルサルバドル移民に対する襲撃事件が相次ぎ、大量の移民が母国へ逃げ込む事態を引き起こしました。

これを受けてホンジュラス空軍が七月三日に国境監視所を爆撃。十四日から本格的な戦闘状態に入り、十八日の停戦までに両国合わせて約二〇〇〇人が死亡する本当の戦争にまで発展しました。

私が取材したＦＩＦＡワールドカップ米国大会（一九九四年）は、当時はまだサッカー発展途上国であった米国における初めての開催でしたが、それでもロサンゼルスの街頭では各国サポーターの小競り合いが絶えませんでした。国家間の紛争のみならず、国内に政治問題を抱えた国々とて例外ではあり得ません。

緊張状態が続く朝鮮半島もそのひとつ。二〇一〇年のＦＩＦＡワールドカップ南アフリカ大会のアジア三次予選では、奇《く》しくも大韓民国（韓国）と朝鮮民主主義人民共和国（北朝鮮）の対戦カードが組まれました。すると北朝鮮は、ホームである首都平壌《ピョンヤン》で開かれる二試合では、「韓国の国旗掲揚や国歌斉唱を、自国民の前では行いたくない」と、これを拒否。

対して韓国は、「国際試合の規定に従え」と反発し、ＦＩＦＡ（国際サッカー連盟）に仲裁を申し出ました。ＦＩＦＡは、試合会場を第三国に移すことで韓国の国旗掲揚、国歌斉唱が可能になると判断。会場を中華人民共和国の上海《シャンハイ》に変更するといった異例の措置を取り、二〇〇八年三月七日に両国に通知します。

幸い何事もなく試合は終えることができましたが韓国国内からは、「ＦＩＦＡが規定を守らなかった北朝鮮に処分を科さなかったことは悪しき前例を作った」といった批判が起こりました（韓国は、国内での北朝鮮の国旗・国歌の使用は認めています）。

　また、スペイン王国では約十年前から、激しい分離独立運動が続いています。北東部のカタルーニャは、独自の文化や言語を持つ自治州として知られ、ローマ帝国による統治時代から肥《ひ》沃《よく》な大地に恵まれ強大な軍事力も有していました。

　しかしながら一四六九年にアラゴン王フェルナンド2世とカスティーリャ王女イサベル1世が婚姻関係を結んだことからスペインは統一され、カタルーニャはその一地方に成り下がります。

　長年、中央集権体制に甘んじていたカタルーニャでしたが昨今、スペイン政府による過度な締め付けにより自治権が脅かされていることに危機感を募らせ、州が民族を明記した自治憲章を改正したところ違憲判決が下されたことから民心は一気に「自治」から「独立」へと傾きました。

　二〇一七年にカルラス・プチデモン前州首相が住民投票を強行し、一方的に独立宣言を発表。中央政府はこれを国家反逆罪と見なし、前州副首相や閣僚らを次々と逮捕したことで対立はさらに激化しています。こうした社会情勢の変化はスポーツ界にも多大な影響を及ぼします。

スペイン・サッカーのコパ・デル・レイ（スペイン国王杯）では、試合前にスペイン国歌を演奏することが恒例となっていますが、二〇一九年五月二五日に開催された決勝戦で、カタルーニャ州を本拠地とする強豪フトボル・クルブ・バルセロナとバレンシア・クルブ・デ・フトボルが対戦した際には、スペイン国王に捧《ささ》げられたこの国歌はブーイングでまったく聞き取ることができませんでした。

これに代わる形でカタルーニャの観客は、スペイン国王夫妻が列席しているにもかかわらず、赤と黄色の帯が描かれたカタルーニャの国旗を掲げ、カタルーニャ自治州議会が一九九三年二月二五日に、公式に国歌として制定した『刈り取る人々』（Els Segadors）を大合唱して見せます。

この曲はスペイン王国の圧政、そしてカスティーリャ軍による乱暴狼藉《ろうぜき》に対して一六四〇年に農民たちが立ち上がったカタルーニャ反乱の際に書かれた詩を元にエミリ・グアニャベントが作詞し、フランセスク・アリオが民謡をアレンジした楽曲です。

勝利者カタルーニャよ

再び豊かに栄えよ
思い上がった傲慢不遜な奴らを
追い出すのだ
鎌を振れ
鎌を振れ　祖国の防人よ

極めて好戦的な歌詞が綴《つづ》られており、「時が来れば　我々を拘束する鎖を断ち切るのだ」（quan convé seguem cadenes）といった不吉な文言も含まれています。

国民に愛される国歌を

同大会の決勝戦では過去にも、国歌演奏のシーンをテレビ局が敢《あ》えて生中継せず、ハーフタイムに録画で流したり（二〇〇九年）、国歌の吹奏が始まると同時にスタジアムの集音マイクの音量が下げられ、国歌のボリュームが上げられるなど（二〇一二年）、中央政府に忖度《そんたく》するテレビ局の対応が物議を醸しています。

ちなみにスペインの国歌『グラナデラの行進曲』には歌詞がありません。選手たちが試合前に無言で立ち尽くす姿は見るに忍びないと、オリンピックの北京《ペキン》大会（二〇〇八年）を目前に控えた二〇〇七年六月、同国のオリンピック委員会が歌詞の公募を行い、約七〇〇〇件もの応募作の中からパウリーノ・クベロの作品が選ばれました。

同委員会は翌年一月二一日に、首都マドリードにおいて歌詞案を公表し、世界的なテノール歌手プラシド・ドミンゴがこれを歌うといった華やかな式典が企画されていました。ところが発表間際の十一日になって、全国紙の『アベセ』に歌詞をすっぱ抜かれてしまいます。その歌詞は、このように続きます。

スペインよ　永遠なれ
我々は皆で　共に戦う
澄んだ声で　心ひとつにして

読者から「かつてのフランコ独裁国家のスローガンを思い起こさせる」といった反対意見が殺到します。

与野党議員からも批判が出たことから同日の閣議後、マリア・テレサ・フェルナンデス・デラベガ第一副首相は記者団に対して、「国歌というものは、全国民を代表するものであり、スポーツ大会でのみ演奏されるものではない。国内のあらゆる行事で演奏されるものなので、より広く意見を募る必要がある。歌詞をつけるかどうかの議論を行った上で、歌詞を承認するにふさわしい場所は、国民主権の場である議会である」と不満を表明し、結果的に歌詞の採択は見送られました（AFP二〇〇八年一月十八日付）。

同委員会が歌詞を提案し、公式に採択されるためには五〇万人の署名を集め、議会の承認を得る必要があるため、スペインのアスリートは今暫《しばら》く、黙って国歌を聴くこととなりそうです。

一方で、世界の共通語であるサッカーを通じて国際平和を実現しようといった試みも世界各地で行われています。例えば二〇〇七年六月十九日にはスペインの強豪プロサッカーチーム、レアル・マドリードとイスラエル国とパレスチナの混成チームが、イスラエルのテルアビブで対戦しています。

イスラエルのNGO団体ペレス平和センターの主催であったため「イスラエルの宣伝工作」といった批判もありましたが、イスラエル出身で当時イングランドのプロサッカークラブ、ウエストハム・ユナイテッドに所属していたヨッシ・ベユナン選手は意に介さず試合後、「いい経験だった。僕らにとって今一番大切なゴールは『平和』だから」と語っています。

このように国旗・国歌は正の歴史のみならず、負の歴史も背負っています。それもまた人間の面白味であり歴史の奥深さともいえるでしょう。

心をひとつにする「装置」

ところで民衆に愛され、憎まれるそうした国旗・国歌とは、そもそもどのようなものなのでしょうか。

我が国の国歌『君が代』の歌詞が、平安時代前期に編纂《へんさん》された『古今和歌集』から採られたことから我々は、国旗や国歌は古くから用いられてきた古典的な「記号」だと思い勝ちです。

しかしながら国旗・国歌は実のところ、近代国家なる概念が登場し、国境線が引かれたことによって生まれた二世紀に満たない歴史しか持たない比較的新しい「アイコン」なのです。

古来、人間社会は固有の文化や風習、民族、信仰を同じくする人々の共同体として形成されていました。そこでは「歌」は、人々が労働に勤《いそ》しみ、五穀豊穣《ほうじょう》を共に慶《よろこ》ぶ、または冠婚葬祭を司《つかさど》るツールとして機能していました。民謡や催馬楽《さいばら》、燕楽《えんがく》、歌垣などといった古典芸能がこれにあたります。

しかしながら近代を迎えると、思想や政治形態、経済に基づき、より合理的で生産性の高い普遍原理に根ざした「国家」として国は再構成されることになります。一例としてフランス共和国が掲げる標語「自由・平等・博愛」が挙げられます。

こうした普遍的理念を追い求める国民国家が形成された結果、民族的、文化的、宗教的背景が異なり、主義主張も多種多様な人々が共存する新たな共同体の枠組みが形作られました。

そうした新たな共同体を「祖国」と定めた「国民」を束ね、心をひとつにする「装置」として国歌や国旗が編み出された、というわけです。

二〇世紀は、国歌が最も大量生産された時代でした。国際連盟が解散した一九四六年時点の加盟国数は六三に過ぎませんでしたが、二〇一九年三月の段階で国際連合に加盟している国は一九三にまで膨れ上がっています。それは取りも直さず植民地主義の崩壊により、多数の独立国が生まれたことを意味しています。

国家の名刺代わりである国旗・国歌を持つことは、国際社会にデビューを果たす際にはどうしても必要となります。

そのため新興国は、固有の歴史、文化、地理、信仰をシンプルかつ明快に表す国旗のデザインに知恵を絞り、国民が納得し、愛唱するに足る国歌を制作するといった難事業に取り組むこととなります。

とはいえ、国歌は国民に愛され、親しまれることが第一義です。いかに優れた楽曲を書き下ろしたところで、国民に浸透しなければ意味を成しません。そのため、すでに国民の間に広く知れ渡っている愛唱歌を国歌に定めるケースが数多く見受けられます。

例えばスウェーデン王国の国歌『いにしえの君、自由な君よ（Du Gamla, Du Fria）』は、同国中部に位置しフィヨルドと湿地帯が拡がるヴェストマンランド地方に伝わる民謡がベースとなっています。このスウェーデン人であれば誰もが口ずさめるメロディーに、詩人であり民俗学者でもあったリカルド・ディーベックが十九世紀半ばに歌詞をつけ、一八四四年に民俗音楽の祭典で初めて披露されました。それだけに国民は、国歌といった堅苦しさを感じることなく、地域の集会やホームパーティーなどでも気楽に歌い、踊っているといいます。

このように国旗・国歌は、それぞれの国家を体現する重要なシンボルです。ところがこれらを最初に採り入れたのは政府ではなく、保安上の理由から大海原でいち早く敵味方を識別する必要があった海軍、そして貿易商たちでした。思想信条ではなく、極めて現実的なニーズから広まったといえるでしょう。

国旗・国歌が標識として世界に認知され始めた時期は、産業革命を経て交通機関・手段が飛躍的な発展を遂げ、急速に「世界が狭くなった」時代と一致しています。

我が国においても真っ先に国旗・国歌の重要性に気づいたのは、海を介した交易を盛んに行っていた薩摩《さつま》藩でした。

日本人は古代から、森羅万象すべての源である太陽を信仰の対象として崇《あが》めてきました。そのため「日の丸」の歴史も古く、『続日本紀』には七〇一年（大宝《たいほう》元年）に文武《もんむ》天皇が朝賀の儀において「日像」の旗を掲げたとの記述があります。

白地に赤丸をあしらった意匠の由来については諸説ありますが、源平合戦の折に平氏は錦《にしき》の御旗にちなんで「赤地金丸」を、源氏は「白地赤丸」の幟《のぼり》を掲げて戦い、源氏が武家政権を樹立した後は天下統一のシンボルとしてこの「日の丸」が受け継がれたとも伝えられています。

以来、「紅白」は縁起の良い配色とされ、近世においては江戸幕府が天領から年貢米を運ぶ御城米廻船《かいせん》に「白四半に大なる朱の丸」を描いた幟を立てるように指示してもいます。

最古の日の丸といわれていた奈良県五條《ごじよう》市の堀《ほり》家に伝わる旗は、年代測定の結果一四六三〜一五二八年もしくは一五五三〜一六三四年の間に制作された絹製と判明したため、この時代に使用された可能性が高いものと思われます。

薩摩藩軍楽伝習生（サツマ・バンド）

幕末期、開国を求める欧米列強が日本に押し寄せて来ると、幕府は日本と外国の船舶とを識別する日本総船印《そうふなじるし》を早急に定める必要に迫られます。

幕府は当初、源氏の流れを汲《く》む徳川《とくがわ》氏の先祖とされる新田《にった》家の家紋である「大中黒・新田一つ引」をあしらった「大中黒」を採用する腹づもりでした。これは白地に黒の横一文字といった、日の丸とはまったく異なる、むしろ真逆のデザイン、配色です。これに対して水戸《みと》藩主の徳川斉昭《なりあき》が猛烈に抗議。建白書を幕府に提出し、古くから旗じるしとして用いられてきた日の丸を国旗に推薦します。

他藩に先駆けて軍艦を製造していた薩摩藩主の島津斉彬《しまづなりあきら》もこれを後押ししたため、一八

幕府は当初、徳川氏の祖先にあたる新田氏の家紋を旗にあしらった「大中黒旗」を推していたと伝えられている。水戸藩の徳川斉昭と薩摩藩の島津斉彬の薦めがなければ、この旗が日本の国旗になっていたかも知れない

五四年七月十一日に幕府は、「日本の総船印は、白地日之丸幟相用い候ふ様」との布告を出し、日の丸を日本のシンボルに定めました。

日の丸を日本惣船印として初めて掲げたのは島津藩が幕府に献上した『昇平丸《しょうへいまる》』でした（しかしながら同藩は赤色に染める技術を持ち合わせていなかったため、縁戚《えんせき》関係にあった福岡藩主黒田《くろだ》長溥《ながひろ》に頼み、領内の穂《ほ》波《なみ》郡山口《やまぐち》村茜屋《あかねや》地区に伝わる茜染めが用いられました）。

新時代の息吹をいち早く感じ取ったこの二人の働きかけがなければ、ややもすれば鯨幕を想起させる「大中黒」が日本の国旗となっていたかも知れません。

一八五五年（安政《あんせい》二年）六月、オランダ国王ウィレム3世が幕府に献上した軍艦『スームビング』が長崎に入港し、洋式軍事訓練が行われています。

これを見聞した、当時は異国応接掛附蘭書《づきらんしょ》翻訳御用（現代風にいえば外務省のオランダ語翻訳担当官）の任にあった勝海舟《かつかいしゅう》は、著書『海軍歴史 巻之四』において、「スームビング船號ハ是迄稱譽ヲ以テ阿蘭陀國旗ヲ世界ノ諸方ニ翻シ候義ヲ有之候得共今又日本最初之指揮フテ新旗則日本國帝之記旗ヲ翻シ其稱譽ヲ以テ何マテモ一軍船ト相成可申相祈候儀ニ有之候」（七月二六日付）と記し、日の丸がオランダ国旗に代わって同艦に掲げられたことを誇らしげに伝えています。

オランダの兵式を採り入れたのは水戸藩と前橋《まえばし》藩でしたが、同国海軍の鼓笛隊が奏でた曲目には、国旗の掲揚・降納を意味する「ロッフル」や「アップル（気をつけ）」、「アリシオンス・プリンシー（王子万歳）」などがありました。

我が国における西洋音楽の夜明けは、十三発の礼砲によって告げられました。一八五三年（嘉永《かえい》六年）七月十四日、旗艦『サスケハナ』（蒸気外輪フリゲート）など四隻の黒船を率いた米海軍東インド艦隊司令長官マシュー・ペリーが久里浜《くりはま》に上陸し、我が国に開国を迫ります。

ペリー横浜上陸の図。儀仗兵と共に整列する軍楽隊が描かれている
（横浜開港資料館所蔵）

この時、ペリー提督の随行員と共に軍楽隊も上陸し、行進の先頭に立って幕府が用意した接待館へと向かっています。儀仗兵と共に整列する軍楽隊の様子は、画家でありマスター・メイト（航海士）といった身分を得て彼らに随行していたヴィルヘルム・ハイネが描いたリトグラフからも確認できます。

カラフルな星条旗、そしてそれまで耳にしたことのなかった音階によって奏でられた米国国歌『星条旗』は、幕臣や幕吏のみならず、鈴なりとなった一般庶民をもびっくり仰天させたことでしょう。

我が国が、国歌を制作する明確なきっかけとなったのは一八六九年（明治二年）八月二九日に英国王子エジンバラ公が英海軍の軍人

（大佐。軍艦『ガラティア』艦長）として東洋巡航の折に来日し、明治天皇に謁見したことでした。

国賓として迎えた英王子の約一ヶ月間に及ぶ滞在中、明治政府は莫大《ばくだい》な費用を投じて浜《はま》殿《どの》離宮（現・浜離宮恩賜庭園）を修繕・造飾したのみならず、連日、豪華絢爛《けんらん》な祝宴を繰り広げました。

この際、明治天皇がいたく感嘆したのが、英海軍軍楽隊が奏でる国歌『女王陛下万歳（God Save the Queen）』でした。我々日本人が、「国歌」という概念さえ持ち合わせていなかった時代のことです。

鎖国主義を廃し、開国和親を遂げるためには国旗・国歌が必要となるだろう。それはまた、発足したばかりの明治政府が幕府に成り代わり、我が国の代表であることを国内外に知らしめる効果をも生むこととなりました。

薩摩藩には御側用人で軍賦役1等指南役であった肝付兼弘《きもつきかねひろ》（半平《はんぺい》）という人物がいました。彼は英国公使館付護衛隊長であったローマン中佐に師事し、軍隊編制法や訓練法を学びます。

肝付が軍楽の導入を島津久光《ひさみつ》公に建言したことから、一八六九年には薩摩藩軍楽伝習生

（サツマ・バンド）が発足し、我が国にも西洋音楽（吹奏楽）が本格的に導入されました。

伝習生には、歯並びの良い二〇名が選ばれ（後に三〇名）、同年九月に上京。肝付は、ローマン中佐を介して横浜《よこはま》の居留地内の妙香寺《みょうこうじ》に駐屯していた英国公使館付第10連隊軍楽隊の軍楽長ジョン・ウイリアム・フェントン（John William Fenton）と出会い、吹奏楽団の編成と指導を依頼します（この界隈《かいわい》は「君が代横丁」と呼ばれていたといいます）。

伝習生たちはフェントンが英ベッソン楽器社から買い付けた今まで見たことも触ったこともなかった楽器を前に大いに戸惑いましたが、藩主久光公の命とあってはやり抜くしかありません。連日連夜、猛練習を積み重ねました。

このフェントンが薩摩藩に「日本も国歌を持つべきだ」と進言したことがすべての事の始まりでした。当時、砲兵隊長の任にあった大山巌《おおやまいわお》（後に元帥）が早速、『古今和歌集』に「詠み人知らず」として、長寿を祝う「賀歌」の筆頭に収められていたこの歌を選び（厳密にいえば彼らが愛誦《あいしょう》していた琵琶《びわ》歌『蓬萊山《ほうらいさん》』に引用されていた『君が代』）、野津鎮雄《のづしずお》大隊長がフェントンに作曲を託します。

初代軍楽長であった長倉彦二《ながくらひこじ》（後に中村祐庸《なかむらすけつね》に改名）も、『海軍軍楽隊沿革史』に、「フエントン教師ヨリ国歌ノ必要ナル事ヲ聞キ詮議ノ模様ナリシ、当ハ小頭ニテ楽長ニアラズシテ以テ確実ナルコトハ知ラザルモ、琵琶歌『蓬莱山』ノ中ニ適当ナル古歌アリトテ『君ヶ代』ノ歌詞ヲ持チ来ラレタル様、記憶ス」と記しています。

『君が代』の演奏時間は四五秒

一八七〇年（明治三年）九月八日。東京・越中島《えっちゅうじま》（現・江東《こうとう》区）で催された天覧練兵で、薩摩藩の軍楽伝習生によって『君が代』は明治天皇の前で初めて演奏されています。

エジンバラ公の来日から僅か一年。何とか国歌は用意できたものの、フェントンが日本固有の音楽、嗜好《しこう》を理解するには余りにも時間が短く、付け焼き刃で作られたことからこの曲は、大層評判は悪かったようです。

その後、祝典などに使用されることはありましたが、殆《ほとん》ど歌われることはなかったといいます。

そこで長倉は『天皇陛下ヲ祝スル樂譜改訂ノ儀』と題する上申書を海軍省に提出し、宮内省雅楽課に改めて作曲を依頼します（上申書には「宮中ニ用ヒラルル雅楽ノ律ニ拠ルヲ正当ナルト思意シ宮内省雅楽部ニ作曲セシメラレン事ヲ進言シタリ」とあります。なお、当時は「雅楽隊」が正しい）。

肥後国相良藩（人吉藩）の洋式の鼓笛隊。1870年頃（写真提供：陸上自衛隊中央音楽隊）

薩摩藩軍楽伝習生。別名サツマ・バンド（写真提供：陸上自衛隊中央音楽隊）

これを受けて宮内省では、伶人《れいじん》（楽人）の奥好義《おくよしいさ》らが作った旋律を1等伶人の林廣守《はやしひろもり》に補訂させ、さらには海軍軍楽隊雇教師として赴任していたドイツ人のフランツ・エッケルト（Franz Eckert）が和声をつけ吹奏楽譜として編曲し直し完成に漕《こ》ぎ着けました（一八八八年に各条約国に『大日本禮式』として楽譜が送付されています。調性はフラットふたつの変ロ調）。天長節にあたる一八八〇年十一月三日に宮内省式部寮雅楽課によって、宮城内で初演されたこの曲が、我々が知る現在の『君が代』のルーツとなります。

それまでは『君が代』と『君ヶ代』といった表記が併用されていましたが一八九三年八月十二日の文部省告示（官報三〇三七号）の「小学校ニ於テ祝日大祭日ノ儀式ヲ行フノ際唱歌用ニ供スル歌詞並楽譜別冊ノ通選定ス」によって『君が代』と定められました。

時を経て日の丸（日章旗）と『君が代』は、一九九九年八月九日に国会で成立し十三日に公布された『国旗及び国歌に関する法律（国旗国歌法）』によって法的に国旗として定められました（号外第一五六号）。

しかしながら第二条2「君が代の歌詞及び楽曲は、別記第二のとおりとする」の「別記第二」に掲載されているハ調の『君が代』の楽譜にはテンポの指定や強弱記号がなく、本来六ヶ所あるべきスラーが付いていないなど不完全なものでした。

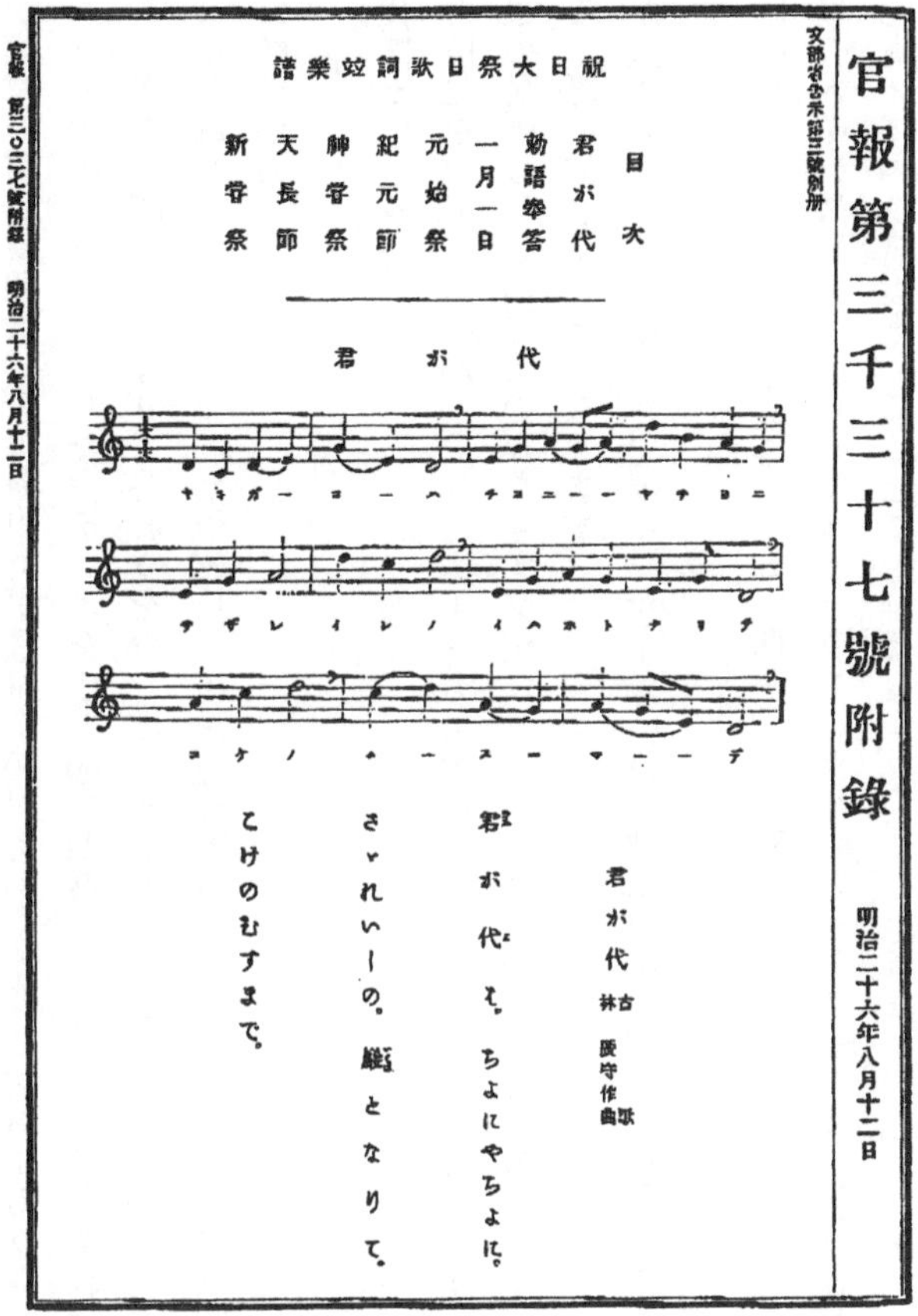

官報第三千三十七號附錄

明治二十六年八月十二日

文部省告示第三號別冊

祝日大祭日歌詞並楽譜

目次

君が代
勅語奉答
一月一日
元始祭
紀元節
神嘗祭
天長節
新嘗祭

君が代

君が代

古歌
林廣守作曲

君が代は。ちよにやちよに。
さゝれいーしの。巖となりて。
こけのむすまで。

官報　第三〇三七號附錄　明治二十六年八月十二日

「祝日大祭日歌詞竝楽譜」の「君が代」。官報3037号附録。明治26年8月12日

『君が代』の演奏時間は、帝国海軍で軍艦旗を掲揚降納する際に吹奏するラッパの楽譜では四五秒と定められていました。テンポを♩＝60で演奏し、一拍を一秒とすれば十一小節の『君が代』は四四秒となり、終わりを少し延ばすことで収まります。

明文化されてはいませんが、『君が代』には習慣的にこうしたテンポで演奏、斉唱されてきた歴史があります。

近代スポーツとは

文明開化を急ぐこの時期、近代スポーツも英米から盛んに輸入されています。

極東の島国は、政治経済のみならず文化においても今でいうところのグローバリズムの洗礼を一身に浴びたことになります。

我が国にも、身体を使ったアクティビティ（身体運動）がそれまでなかったわけではありません。

前回のオリンピック東京大会（一九六四年）の誘致を念頭に置いて改築された旧・国立競技場のメインスタンド、ロイヤルボックスの背後に、一対のモザイク壁画が飾られていたのを覚えている読者もいることでしょう。

一体は『栄光』と銘打たれた美の象徴であるギリシャの女神像（橄欖《かんらん》と月桂冠《げっけいかん》を持つ高さ四メートルの立像）。『勝利』と名付けられたもう一体の肖像は、力の象徴野見宿禰《のみのすくね》でした（いずれも作者は長谷川路可《はせがわろか》）。

『日本書紀』に登場するこの筋骨隆々とした男性は、垂仁《すいにん》天皇の命により七月七日に出雲《いずもの》国《くに》より召されて当麻《たいまの》蹶速《けはや》に捔力（現在の相撲）を挑み、蹶速の腰を折って勝利した伝説上の人物です。

彼は、この勝利により大和盆地南西部に位置する葛城《かつらぎ》地方を授けられ、土師器《はじき》や埴輪《はにわ》の制作氏族として古墳群の造営にも携わります。

しかしながら明治に入るまで我が国には蹴鞠《けまり》や鷹狩《たかがり》、水術、流鏑馬《やぶさめ》、腕押しなどといった神事または宮廷行事にまつわる武芸や遊戯の類《たぐい》しか存在しませんでした。しかも文化圏や社会階層によって様式やルールがまちまちであったため、各地の腕自慢が一堂に会する競技会を催す発想そのものを持ち合わせていなかったのです。

イワン・ツルゲーネフの名作『猟人日記』の英語のタイトルは“A Sportsman's Sketches”ですが、「スポーツマン」を「猟人」と訳したところからも、明治時代後半に至るまで、日本人はスポーツといえば狩猟と理解していたことが窺《うかが》えます。

近代スポーツを日本に紹介したのは明治政府に招聘《しょうへい》されたいわゆる「お抱え外国人教師」たちでした。

一八七五年に東京英語学校（現・東京大学）に赴任した英国教師フレデリック・ウイリアム・ストレンジは、英パブリック・スクールの名門イートン校で学んだだけあってフットボールやクリケットといった英国発祥のスポーツにも精通し、一八八三年には同校で日本初の陸上競技大会も開いています（東京・青山《あおやま》墓地に眠る彼の墓碑には「日本の近代スポーツの父」と刻まれています）。

サッカーやラグビー、ゴルフ、競馬など、英国で生まれたスポーツがこれほどまで世界に拡がり、浸透したのも七つの海を制した大英帝国の成せる業でした。

植民地に渡った英国人たちは、祖国から遠く離れた最果ての地で、英国人同士の親睦《しんぼく》を図るクラブ（Club）を設立しています。

英国におけるクラブ制度の歴史は古く、十七世紀後半にはすでに芸術や文学、スポーツなどを熱く語り合う同好の士が集まる社交場として首都ロンドンで発展しています。

当初は上流階級に属する男性のみが参加できた会員制組織でしたが、やがて中産市民階級や労働者階級の間にも広まり、こうした社交クラブが植民地にも作られていきます。

クラブ会員たちが余興として楽しんでいたのが様々な近代スポーツです。プロサッカーチームが「フットボール・クラブ」と称され、ゴルフ場の会員用施設が「クラブ・ハウス」と呼ばれるのもこの名残。日本初のゴルフ場も、英国人のアーサー・ヘスケス・グルームによって一九〇三年（明治三六年）に創られた神戸《こうべ》ゴルフ倶楽部でした。

クラブの性質上、特例を除けば現地の人々の入会が認められることは稀《まれ》でしたが、塀の外からこれらスポーツに接し、見よう見まねで競技を楽しんだことから、英国オリジナルのスポーツは植民地へと次々と伝播《でんぱ》していきます。

ついでに導入された野球

ベースボールは、米国経由で我が国に輸入されています。

一八七二年（明治五年）に、東京大学の前身となった第一大学区第一番中学で英語や数学を教えるために米メイン州から来日していたホーレス・ウィルソンなる人物が、学生たちに教えたのが始まりだったとされています（彼は二〇〇三年に野球殿堂入りしています）。

ただ、ベースボールは当時、すでに南北戦争によって全米に拡がっていたため、彼のみならず多くの「お抱え外国人教師」によって持ち込まれた可能性があります。

日本初の社会人野球チームは、新橋《しんばし》駅の鉄道員らによって一八七八年に結成された新橋アスレチック倶楽部でした。

「日本野球の祖」と讃えられる平岡熙《ひらおかひろし》は、米国で機関車製造技術を学び、帰国後は工部省の鉄道技師として日本初の車両工場を立ち上げましたが、その際にベースボールもついでに導入したというわけです。

ところで、ベースボールを「野球」と訳したのは、一八九七年に日本初の専門書『野球』を著した中馬庚《ちゅうまかのえ》でしたが、俳人の正岡子規《まさおかしき》も熱烈な野球ファンとして知られています。幼名が「升《のぼる》」だったことから「のぼーる」。転じて「野球」を雅号とし、「今やかの三つのベースに人満ちて そゞろに胸の打ち騒ぐかな」と、詠むほど野球にのめり込んでいました。

彼は、夏目《なつめ》漱石《そうせき》の名作『坊っちゃん』の舞台ともなった母校、松山《まつやま》中学校（現・愛媛県立松山東高校）にバットとボールを持ち帰り、生徒たちに野球を教えたといいますから、まさに日本で最初の野球マニアといって良いでしょう（彼も二〇〇二年に「日本の野球の普及及び発展に顕著な貢献をした」として野球殿堂入りを果たしています）。

西洋文明の水先案内人であった福沢諭吉《ふくざわゆきち》も、いち早く「体育」に目を付けたひとりです。

一八五八年（安政五年）、築地《つきじ》に開いた蘭学塾を芝新銭座《しばしんせんざ》（現在の浜松町《はままつちょう》一丁目三番地）に移したのが一八六八年（慶応《けいおう》四年）のこと。年号にちなんで慶應義塾と名付けられたこの塾舎の中庭を運動場とし、ブランコやシーソーといった運動施設を整えます。

三年後に三田《みた》の島原《しまばら》藩邸跡地に移転してからは彼自身、乗馬や居合い、散歩を欠かさず、スウェーデン式体操を率先して輸入したのも義塾幼稚舎でした。

一八九二年（明治二五年）五月には、剣術、柔術、野球、端艇、弓術、操練や徒歩といった運動部からなる体育会も組織しています。

おそらく彼が手本としたのが一八七四年（明治七年）に海軍兵学寮（後の海軍兵学校で明治二年に海軍操練所として東京・築地に開所）で開かれた我が国初の陸上競技会（競闘遊戯）です。

三四人の英国人雇教師を擁していた同寮は「生徒ノ為ニ球戯ヲ設置ス」とし、競技会には「三百ヤード走（燕子学飛《つばめのとびならひ》）」や「長飛（文鰩閃浪《とびのうをのなみきり》）」、「竿飛（蜻蛉翻風《とんぼのかさがへり》）」、「二人三脚駆（蛺蝶趁花《ちやうのはなおひ》）」、「玉投ゲ（老狸打礫《ふるだぬきのつぶてうち》）」などといった趣のある名称が冠された運動会の雛形《ひながた》となった種目が行われています。

中には「豚ノ走ルトキ其尾ヲ握ルコト（神鷹捉魣《わしのいなとり》）」や「頭上に水桶ヲ戴キテ平駆スル

事（須浦汲潮《すまのしほくみ》）」などユニークな競技もあったようです。

この陸上競技会が嚆矢《こうし》となり、一九〇〇年以降は各校に運動場の設置が義務づけられ、学校単位の運動会が盛んに開かれるようになります。我々にも身近な万国旗を飾る習慣もここから生まれたものでした。

二〇世紀に入ると、欧米人との体格差、競技者としての実力差をまざまざと見せつけられ、脱亜入欧を実践すべく様々な競技において欧米人教師の招聘が盛んになり、海外遠征も積極的に行われるようになります。

日本初のテニスの海外遠征は、東京ローンテニス倶楽部に所属していた朝吹常吉《あさぶきつねきち》と山崎《やまざき》健之丞《たけのじょう》の東洋テニス選手権への出場でした（一九一二年）。

しかしながら当時の日本人アスリートたちが、こうした競技会において日の丸を掲げ、『君が代』を歌うことを意識していたとは到底思えません。というのもスポーツという西洋文化に出合ったばかりの我々は、あくまでもスポーツの基礎、ルール、練習方法を一から学ぶ「生徒」の立場にあり、競技会でも欧米人である相手選手はすぐさま識別できたため、国を意識する余裕などなかったはずです。

また、競技能力や経験も歴然としていたため、スポーツを通じて愛国心を鼓舞するまでのレベルには達していませんでした。

我々がスポーツにおいても「国家」を意識するようになったのは日露戦争以降、国際社会における日本のプレゼンスが徐々に顕在化し始めた頃合いであったように思われます。

日の丸のデビュー

日の丸の本格的な海外デビューは一九一二年に開かれた第五回オリンピック、ストックホルム大会といって良いでしょう。

出場選手は一〇〇メートル走、二〇〇メートル走と四〇〇メートル走に出場した東京帝国大学（現・東京大学）に在校していた三島《みしま》弥彦《やひこ》選手とＮＨＫの大河ドラマ『いだてん〜東京オリムピック噺〜』（二〇一九年）のモデルにもなったマラソン選手の金栗《かなくり》四三《しそう》選手のたった二名でした。

渡航費用には一六〇〇円（現在の約四〇〇〇万円）を要し、すべてが自己負担であったため、父、通庸《みちつね》が警視総監を務めた資産家の生まれであった三島選手と、在籍していた東京高等師範学校（現・筑波大学）の校長でありアジア初の国際オリンピック委員会（ＩＯＣ）委員となっていた嘉納治五郎《かのうじごろう》が募金を呼びかけ、漸《ようや》く参加費用を捻出できた金栗選手だけの参加となりました。

三島の母、和歌子《わかこ》は、手縫いの日の丸がつけられたユニフォームを遥《はる》か北欧の地へ向かう息子にそっと手渡したと伝えられています。

この時、国に遠征費用を補助してもらうべく申請書が提出されていますが、「スポーツが国民全般の支持を受けるに至っていない」といった理由ですげなく却下されています。

一般庶民にとってスポーツとは、訳のわからないハイカラな余興であり、マラソンも単なる駆けっこ。わざわざ金をかけて外国くんだりまで出掛けて行って、競うものではまったくなかったわけです。

入場行進では三島選手が旗手を務め、日の丸が初めてオリンピックに登場しました。ところが金栗選手が携えたプラカードには「ＪＡＰＡＮ」ではなく、「ＮＩＰＰＯＮ」の文字が描かれていました。

大会直前、金栗選手は漢字表記の「日本」を強硬に主張し、大日本体育協会（現・日本スポーツ協会）の理事であり同大会には日本選手団の監督として加わっていた大森兵蔵《おおもりひょうぞう》は「ＪＡＰＡＮ」でなければならないと一歩も引き下がらなかったため、見るに見かねた嘉納が折衷案として「ＮＩＰＰＯＮ」を提案したといわれています。ちなみに

「ＮＩＰＰＯＮ」表記はこれ以降、国際競技会の舞台では、一度も使われることはありませんでした。

国歌と国旗を巡る「オリムピック噺」はその後、波瀾《はらん》万丈の展開を見せることとなります。

第二章　愛国心とナショナリズムの狭間で

参加するのは「国」ではない!?

オリンピックに参加するのは「国」だと思い込んでいる読者も多いはずです。代表選手は「日の丸」を背負い、『君が代』を口ずさみ闘いに挑むわけですから、そう思うのも当然のことでしょう。

しかしながら、オリンピック憲章の第一章「1 オリンピック・ムーブメントの構成と全般的な組織」の2項では、オリンピック・ムーブメント（以下オリンピック）の主要三構成要素は国際オリンピック委員会（IOC）、国際競技連盟（IF）、国内オリンピック委員会（NOC）と規定されており、どこにも国家の文字はありません。

3項にはこれら構成要素に加えて「IFおよびNOCに所属する国内の協会、クラブ、個人も含まれる」と、記されています。

要は、マスメディアを始め我々は、便宜上「参加国」といった表現を用いてはいますが、厳密にいえばオリンピックに参加する資格を有しているのは我が国であれば「日本国」ではなく日本オリンピック委員会（JOC）であり、その傘下の各種競技団体（協会）ということになります。

そのためドーピング違反などが発覚した場合、IOCは政府ではなく「世界アンチ・ドーピング規定を採択し適用する」ことが義務づけられている当該国のＮＯＣに対して出場資格停止処分を科すことになります。

オリンピックに参加するのは国ではない。よって「国旗」、「国歌」についても「ＮＯＣがオリンピック競技大会を含む自身の活動に関連して使用するために採用した旗、エンブレム、讃歌」（オリンピック憲章第四章31「ＮＯＣの旗、エンブレム、讃歌」）とされ、実のところ「国旗」、「国歌」と定められてはいません。

つまりオリンピックでは、意外に思われるかも知れませんが「日の丸」を掲げ、『君が代』を歌わなくても構わない、といった規約となっているのです。

国旗がオリンピックに初めて登場したのは第四回ロンドン大会（一九〇八年）のことでした（一九〇六年にギリシャのアテネで暫定的に開催された非公式のオリンピック競技大会を除いて）。開会式には二二の国と地域の選手団が国旗と国名が記されたプラカードを先頭に入場行進を行いました。この大会から、各国のＮＯＣが窓口となり「国を代表するアスリートたちの大会」と位置付けられたことに起因しています。

というのも、米国で開催された第三回セントルイス大会に至るまでオリンピックは、驚くことに個人やチーム単位でも参加申し込みができるほど規模の小さな競技大会だったのです。

そのため旅費や宿泊費も選手自身が負担しなければなりませんでした（近代オリンピック誕生の地フランスから遠く離れた同大会に参加したのは僅《わず》か十三ヶ国、六八一人の選手たちでした）。

結果的に同大会は二〇〇万ドルもの興行収益を生み、スポーツイベントとしては一定の成功を収めたものの、この大会で初めて導入された「選手村」といったコンセプトも、そもそもは身銭を切って海外からやって来る選手たちの経済的負担を少しでも和らげてあげたいといったキリスト教的博愛精神に則《のっと》ったおもてなしの一環だったわけです。

このように初期のオリンピックにおいては選手間の交流に重きが置かれており、現在のような国別対抗競技会といった競争原理は働いていなかったため、国旗・国歌にも元より出番はありませんでした。

オリンピックといえば、今やＦＩＦＡワールドカップと並ぶ世界最大のスポーツイベントとなっています。

二〇二〇年七月に東京で開催される予定だった第三二回オリンピック競技大会の場合、二〇一三年一月にＩＯＣに提出された立候補ファイルに記された大会経費は八二九九億円でした。それが大会組織委員会の試算によれば二〇一七年十二月の段階では、総額一兆三五〇〇〇億円にまで膨れ上がっています（IOCからの負担金やスポンサーからの協賛金、チケットの売上金などを原資として同・委員会が六〇〇〇億円を負担し、残りを東京都及び国がそれぞれの役割に応じて負担）。

　こうしたオリンピックの肥大化について、当の森喜朗《もりよしろう》会長も、『朝日新聞』のインタビューに答えて、「矛盾は感じるよ。これだけのお金を注ぎ込まなきゃいかんのか。ラグビーのワールドカップは何とも言えない感動があった。五輪ではそういう感動の積み上げになるのだろうか。大会が終わったら、一声あげてやろうとは思っている。このままだと五輪はダメになっちゃうぞ、って」（二〇二〇年四月二日付）と苦言を呈しています。

　IOCは、オリンピックが開催されるサイクルの四年間で直近では約五七億ドル（約六〇八一億円）の収益を上げていますが、そのうち七三％はテレビ放映権料によるものです。近年、スポーツ観戦以外にもレジャーが増え、「テレビ離れ」も進んでいるといわれますが、それでもロンドン大会（二〇一二年）の開会式の中継は全世界で九億人が視聴し、過去最大を記録するなどオリンピック中継は、未《いま》だにマスメディアにとっては巨額の投資をしても十分な利益が見込めるドル箱コンテンツであり続けているのです。

米テレビネットワークのＮＢＣユニバーサルは、夏季については一九八八年から、冬季オリンピックは二〇〇二年から放映権を持ち二〇一四年には、二〇三二年までの独占放映権を約七六億五〇〇〇万ドル（約七八〇〇億円）で獲得しています。内、東京大会の米国における放映権料は十一億ドル（約一二〇〇億円）でした。同社の親会社である米ケーブルテレビ（ＣＡＴＶ）大手のコムキャストによれば、二〇二〇年三月の段階で東京大会の広告枠の九〇％はすでに販売済みで、その額は十二億五〇〇〇万ドル（約一三三三億円）にもなっていたといいます。

さらにはロイターが二〇一二年八月七日に伝えたところによればロンドン大会（二〇一二年）の段階で、インターネットや携帯電話向けの放送時間数が初めて、地上波のテレビ放送時間数（十万時間）を上回りました。ＩＯＣのテレビ／マーケティング担当ディレクターのティモ・ルメは、「ロンドン大会で五輪放送の新時代が到来する」と述べていました。

オリンピックがこのようなビッグビジネスに成長するなど、当時は誰も想像だにしていませんでした。その知名度はゼロに等しい状態だったといって良いでしょう。

近代オリンピックの父と讃《たた》えられるピエール・ド・クーベルタン男爵の母国フランスで

一九〇〇年に開かれた第二回パリ大会でさえ、単独では興行として成り立たなかったため、同年開催されたパリ万国博覧会のサブイベントとして挙行せざるを得なかったほどでした。

正式名称はオリンピックではなく、『身体訓練とスポーツの国際競技会』といった堅苦しいものでしたが、選手は国旗は元より国名もユニフォームには付けずに競技に参加していました。クーベルタン自身、「観客を集めるのが最も大変だった。自転車競技だけが辛うじて注目された程度だった」と吐露しています。

一七九八年にパリで初めて開催された博覧会は、半世紀にわたり同市で催された後、一八五一年からは国際博覧会（万博）にスケールアップされ、「文明の必要とするものに応ずるために人類が利用することのできる手段又は人類の活動の一若しくは二以上の部門において達成された進歩若しくはそれらの部門における将来の展望を示す」といった理念の元、世界各地で開催されるようになりました。

近代オリンピックの父と呼ばれたクーベルタン男爵［1863～1937］
（写真提供：共同通信社）

新世紀の到来を祝うこのパリ万国博覧会では、エッフェル塔にエスカレーターが設置され、大観覧車『グランド・ルー・ド・パリ』や「動く歩道」も作られ、過去最大の延べ約四八〇〇万人もの人々が押し寄せました。

オリンピックも付属大会として開かれたお陰で多くの観客を集めることができましたが、開催期間は博覧会に合わせる形で五ヶ月間にも及びました。そのため、メダルも制作が追いつかず、選手の手元に届いたのは何と二年後だったとも伝えられています。

ちなみに一九〇七年にオランダのハーグで開催されたＩＯＣ総会で、一位から三位までの選手に金・銀・銅のメダルが授与されるといったルールが定められます（それまでは一位の選手に銀、二位には銅で三位にはメダルが与えられませんでした）

金・銀・銅の順位については金属としての価値という説と、古代ギリシャにおける人類の歴史区分である黄金時代、白銀時代、青銅時代、鉄の時代に由来する、といった説があります。

もっとも現在の金メダルも純金製というわけではなく、一位と二位のメダルは銀製で純度は一〇〇〇分の九二五でなければならず、金メダルは少なくとも六グラムの純金による金張りと規定されています。

一九六四年の第十八回東京大会と一九七〇年の日本万国博覧会（大阪府）、そして第三二回東京大会と二〇二五年にも同じく大阪府で開催される予定の日本国際博覧会。いずれもフランスで生を受けたオリンピックと万博とは、その揺籃期から密接な関係にあったことが窺《うかが》えます。

入場行進でどの国旗を掲げるか

ロンドン大会が開かれた当初も、国旗はまだ単に「参加国」を識別するための標識に過ぎませんでした。それでも宗主国であった英国と、カナダやオーストラリア、現在の南アフリカ共和国といった植民地が、入場行進でどの国旗を掲げるかで議論が伯仲しています。当時、英国の自治領であったカナダは、レッド・エンサイン（Red Ensign）と称される赤字の左上隅に英国の国旗を配し右側に紋章を記したデザインを、オーストラリアもブルー・エンサイン（Blue Ensign）に英国の国旗と南十字星、七稜星《しちりょうせい》を配した固有の国旗を有していたのです。

ちなみに国旗の代表格ともいわれる英国のユニオンジャック（Union Jack）ですが、実は法制化はされていません。英国の正式名称である「グレートブリテン及び北アイルランド連合王国」からもわかるように英国は、イングランドを始めスコットランドやウェールズ、北アイルランドといった国々からなる緩やかな連合国家であるため、各国の伝統と民族性を尊重し、王国内の国民統合を維持するために、敢《あ》えてイングランド主導のユニオンジャックを国旗として定めない方針を採っているのです。

これは国歌『女王陛下万歳』についても同じくで、正式な国歌として制定されてはいません。

オリンピックの場合は、ＩＯＣが主権国家単位でしか参加を認めていないため「英国代表（Team GB）」、つまり統一チームを編成しなければなりません。

しかしながら人気種目のサッカーについていえば、英国内の四つのサッカー協会（イングランド、スコットランド、ウェールズ、北アイルランド）は、オリンピックよりも古い歴史を持っているため、伝統的にそれぞれの協会が個別に活動し、英国を統括する組織が作られることはついぞありませんでした。

よってオリンピックには、基本的にイングランドの国内競技連盟であるザ・フットボール・アソシエイション（ＦＡ）に所属するイングランド選手のみによって構成された「英国代表」を送り出すことが慣例となっていました。

第三〇回ロンドン大会（二〇一二年）では、母国での開催ということもあり英国史上初めて四つのサッカー協会が統一チームを組織するといった案が持ち上がります。

ところが各協会は統一チームを作ることで自律性が失われる、また他競技においても合同チームとしての参加を強制されるのではないかといった懼《おそ》れから、これに強く反対しました。

そのためこの事案はＩＯＣではなくＦＩＦＡの理事会によって討議され、「英国を代表する単一チームの二〇一二年ロンドン大会への参加が、現在の英国の四協会の個々の地位に影響しないことを確認した」といった声明が出されたことから、四つのサッカー協会は統一チームの結成に踏み出します。

しかしながら結果的にはウェールズ出身の五選手が加わったのみで、スコットランドと北アイルランドの選手が選抜されることはありませんでした。

さらには、ウェールズの選手たちが試合前の国歌斉唱を拒むといった予期せぬ出来事が起こります（続く第三一回リオデジャネイロ大会ではイングランド・サッカー協会以外の三協会がこれまで通り参加を見送ったため、イングランド人だけのチーム編成に戻っています）。

ウェールズ出身で英国代表チームのキャプテンを務めたライアン・ギグス選手は、大会

God save our gracious Queen!

Long live our noble Queen!

God save the Queen!

Send her victorious,

Happy and glorious,

Long to reign over us,

God save the Queen!

英国の『女王陛下万歳』の母国語の歌詞。公式行事などでは第1節だけが歌われる。君主が国王である場合は「キング」、女王は「クイーン」のように、歌詞とタイトルが治世によって変わる

英国国旗（上）と、ウェールズの国旗（下）。英国の「ユニオンジャック」は連合王国の旗を組み合わせたものとして知られている。ウェールズは、1536年にチューダー朝の直系にあたるヘンリー8世によりイングランドに併合されたためイングランドの一部とみなされ、ウェールズの旗のみが除外されている

二戦目を終えた直後のインタビューで、「個人的なことだ。英国の国歌であることはウェールズ人、スコットランド人、イングランド人にとっても同じだ。容易ではないが、試合が始まれば全員が同じ方向へ向かっている。それが一番重要なことだ」と、自身の微妙な立場を語っています。

統一チームは、ピッチ内外の不協和音が影響したのか、準々決勝で大韓民国にＰＫ戦の末、敗れるといった失態を演じ、母国のスタジアムを後にしました。

七〇〇年に及ぶ怨念の歌

一方、国際サッカー連盟（ＦＩＦＡ）やラグビーの国際競技連盟であるワールドラグビーは、英国内の四つの協会（イングランド、スコットランド、ウェールズ、北アイルランド）を個別に承認しているため、ワールドカップなど国際大会へは単独チームとして参戦することが可能です（ラグビーの場合は、北アイルランドとアイルランド共和国が合同で「アイルランド代表」を結成します）。

サッカー、ラグビー共に英国発祥のスポーツであるため、このような特典が与えられているともいえます。

そのためラグビーの試合で、ウェールズ代表（愛称レッド・ドラゴン）がイングランド代表（同レッド・ローズ）と対戦するともなるとウェールズ・サポーターは、ここぞとばかりに彼らの国歌である『我が父祖の地（Hen Wlad Fy Nhadau）』を熱唱します。この曲の第三節には、以下の件《くだり》があります。

たとえ敵が我が地をその膝下に置こうとも
ウェールズの古き言葉は永遠に生き続け
女神は恐るべき反逆をものともせず
祖国には琴の音が止むことはない

この「敵」とはいうまでもなくイングランド。いかにも恨み骨髄といった歌詞の内容からもわかるように、ウェールズ人にとっては、イングランド王 エドワード1世によって一二八二年に祖国を蹂躙《じゅうりん》され、征服された怨念《おんねん》は未《いま》だ消え去ってはいないのです。

イングランド嫌いにおいては、スコットランドも負けてはいません。二〇一四年に英国からの独立を問う住民投票が行われ、五五％対四五％で辛うじて残留派が上回ったものの、その後、国民投票によって英国が欧州連合（EU）から離脱するブレグジット（Brexit）が決定的となったことから、独立派が息を吹き返します。

二〇二〇年一月三一日に英国が正式にEUから離脱したことを受けて、かねてEU残留派が過半数を占めていたスコットランドでは、独立を目指す与党スコットランド国民党（SNP）が二度目の住民投票を実施すべく、住民投票を行う権限をスコットランド議会に譲るよう英政府に要請しています。

スコットランドの国歌『スコットランドの花（Flower of Scotland）』の第三節は、このように綴《つづ》られています。

栄光の日々はいずこ
過去にありし祖国
我ら　今こそ　起ち上がり
祖国を再び　取り戻さん！
エドワードの軍勢に立ち向かい
暴君を　彼らの地へ追い返し

独立を勝ち取らん

この曲は一九六〇年代に結成されたフォークグループ「ザ・コリーズ」のメンバーであったロイ・ウィリアムソンが作詞・作曲し、ラグビーのスコットランド代表のテーマ曲として広まりました。

歌詞に登場する「エドワード」とは、イングランド王のエドワード2世を指しています。名君の誉れ高いスコットランド国王ロバート1世率いるスコットランド軍が劣勢から巻き返し、桶狭間《おけはざま》の戦いを彷彿《ほうふつ》とさせる戦術を駆使してイングランドの大軍を撃破したバノックバーンの戦い（一三一四年）を題材にしています。

タイトルの「花」はスコットランドの国花アザミ。この花が同国の紋章となった経緯は定かではありませんが、夜陰に紛れて攻め入ったノルウェー兵が、アザミの棘《とげ》を踏み、痛さの余り大声を出したことでこれを撃退し祖国を守ることができた、といった逸話がまことしやかに語り継がれています。

常に他国からの侵略を受け続けたスコットランドの、まさに七〇〇年にも及ぶ怨念の歌ともいえるでしょう。

世界で最も愛されているスポーツ、サッカーの影響力

ちなみにＩＯＣが承認している国は現時点（二〇二〇年二月末）で二〇六の国と地域、ＦＩＦＡは二一一となっています。

ＩＯＣのみが承認している国はミクロネシア連邦、ナウル共和国、パラオ共和国、キリバス共和国、マーシャル諸島共和国、ツバル、モナコ公国と英国。

ＦＩＦＡの場合は、仏領ポリネシアに属するタヒチ、ニューカレドニア、英領のタークス・カイコス諸島、ジブラルタル、モントセラト、中国の特別行政区マカオ、オランダ王国の構成国であるキュラソー、デンマーク王国の自治領フェロー諸島。そして北アイルランド、スコットランド、ウェールズ、イングランドとなっていますが、いずれも国連加盟国数一九三を上回っています。

数字からも世界で最も愛されているスポーツ、サッカーの影響力の大きさを窺い知ることができます。

日本人は、自然の悠久の美を讃える『君が代』を国歌と定めているため、こうした好戦的な歌詞には戸惑いを覚えますが、世界を見渡せば戦争、戦闘をテーマとした国歌が実は多数を占めています。

き み が よ は ち よ に や ち
よ に さ ざ れ ー い し の
い は ほ と な ー り ー て ー
こ け の む す ー ま ー で
う ご き な く と き は か き
は に か ぎ り も あ ら じ

「君が代」の楽譜

その理由は明らかで、国歌、国旗は独立を果たした際に制定されるケースが大半であるため、結果的に前体制や宗主国に対する怒りや憎しみが切々と語られることとなります。また、救国を願い国民が一致団結して闘った記憶を後世に留《とど》めるべく、戦闘に参加して兵士や市民が好んで口ずさんだ愛唱歌や行進曲が屡々《しばしば》そのまま国歌として採用されます。

終戦から一九七二年五月十五日まで米国に直接統治されていた沖縄を除けば、過去において、ただの一度も他国に侵略されず、植民地化されなかった我が国とは異なり、多くの国々は国境線を挟んだ隣国と血で血を洗う闘いを長年にわたり繰り返してきました。国歌に綴られた一語、一語からも苦難の歴史を見て取ることができます。

流麗な旋律で知られるフランスの国歌『ラ・マルセイエーズ』もその歌詞を繙《ひもと》けば、血生臭いものであることに驚かされます。

聞け　戦場にあふれるおびえた敵兵たちの叫びを
彼らは我らが陣地に攻め入り
子どもたちや妻の喉を掻き切ろうとしている
市民たちよ　武器を取れ！

一九九二年にフランスのアルベールヴィルで開催された第十六回冬季オリンピックの開会式では、いたいけな少女が壇上で『ラ・マルセイエーズ』を独唱するといった演出が評判になりましたが、さすがに幼児にこのような残虐な歌詞を歌わせるのはいかがなものか。好戦的な歌詞はこの際、改めるべきとの意見が噴出し、国民を二分した激論に発展しました。

中華人民共和国の国歌『義勇軍行進曲』からも、同じような歴史的背景が見え隠れしています。この国歌は元々、『風雲児女』と題された映画の主題歌であり、一九三五年に詩人の田漢《ティアン・ハン》が作詞し、音楽家の聶耳《ニエ・アル》が作曲しました。いかにも活劇風のタイトルが冠された同作は、そもそも中国東北地方において抗日運動に起《た》ち上がった人々の勇壮な姿を描いた作品でした。

映画そのものは、当時盛んに製作された抗日映画のひとつに過ぎず、取り立てて傑出した内容ではありませんでしたが、中国建国の父毛沢東《もうたくとう》が中央人民政府主席に選出された一九四九年九月の中国人民政治協商会議において、仮の国歌として認定されたことで俄然《がぜん》注目を集めます。

ちなみに同会議では、「五星紅旗」が国旗として採用され、首都名も「北平《ペイピン》」から「北京」へと改正されています。『義勇軍行進曲』の歌詞は、以下のように続きます。

起ち上がれ！
奴隷となりたくない人々よ！
我らの血と肉をもって築こう
我らの新しき長城を

同会議の直前、中南海《ちゅうなんかい》にあった毛沢東の居宅で開かれた国歌制定のための座談会に招かれた田漢は、「私の書いた歌詞は、過去には歴史的な意義がありましたが、今は新しい歌詞に譲るべき」と、日本による帝国主義の終焉《しゅうえん》を踏まえて主張しました。

しかし、政務院総理（首相にあたる現在の国務院総理）の職にあった周恩来《しゅうおんらい》は、「古い歌詞をそのまま使用しなければ感情を鼓舞することはできない」と諭し、毛沢東も、「改めるべきものは改めるべきだが、古いものもやはり必要」と応じたため、この映画主題歌が国歌に推されたといいます。

毛沢東自身が一九六〇年九月一日にメキシコ代表と対談した際に、「日本人民は素晴らしい人民だ。第二次世界大戦では一部の軍国主義者に騙《だま》されて侵略戦争をしただけだ」と語っているように中国政府は、基本的に過去における日本の軍国主義・侵略戦争を糾弾しており、『義勇軍行進曲』が継続的に反日を意図しているわけではありません。

しかしながら、隣国中国の国歌からも人々の、独立に対する思いの丈は感じ取ることができます。

ベルリン大会の真実

オリンピックの理念を脅かすナショナリズム、いわゆる国粋主義が国家レベルで台頭したのは、一九三六年に開催された第十一回ベルリン大会からでした。前回の第十回ロサンゼルス大会以降、私たちにも身近な国旗掲揚や国歌演奏を行う表彰式といった儀式が導入されたため、否《いや》が応でも国家間の対抗意識が強まったともいわれています。

それ以前の大会ではメダルは試合後、選手に直接手渡されていました。第九回アムステルダム大会で、日本人として初めての金メダルを獲得した織田《おだ》幹雄《みきお》（三段跳び）は、試合後すぐに別の国際大会へ出場すべくパリへと旅立っていたため、同国の第四代国王ウィルヘルミナからメダルを受け取ることはできませんでしたが、慌てたのはオランダのＮＯＣ

です。

オリンピックそのものの知名度が未だ低かった上に、極東からやって来た日本人の優勝など誰も予想すらしていなかったため、何と主催者側が日の丸を用意していませんでした。急遽《きゅうきょ》、織田が所属していた早稲田大学のメンバーを始めとする代表団が持参していた定型よりも遥《はる》かに大きな日の丸が掲げられ、急場を凌《しの》いだといった逸話も残されているほどです。

また、『君が代』の演奏も「さざれ石」の件から始まり、早々と終わってしまったとも伝えられています。

東京日日新聞社と大阪毎日新聞社主催の、オリンピック観戦をメインイベントとした欧州団体観光ツアーを記録した『欧州観光記』には、「その瞬間、我等は思はず知らず總立ちになつた。はふり落つる涙を拂つて中央の竿頭高く上り行く大きな日の丸の旗を拝して君ケ代を高く合唱した時、我等は眞に心から日本國民である幸福を感謝した」と、その時の情景が思い入れたっぷりに綴られています。

ベルリン大会の開催国ドイツは開会式で、国旗であり国家社会主義ドイツ労働者党（ナチス）の党旗でもあった鉤十字《かぎじゅうじ》（ハーケンクロイツ）を掲げて入場行進に臨み、選手宣誓も「オリンピック旗」ではなく、この国旗を手にして行われました。

当時の様子は、レニ・リーフェンシュタール監督が製作した記録映画『オリンピア』の第一部『民族の祭典』（Fest der Völker）にもつぶさに収められていますが、ベルリン市街には万国旗と共に、大きなハーケンクロイツが誇らしげにはためいていました。

ハーケンクロイツの鉤十字（スワスティカ）は、一九二〇年にナチス・ドイツがシンボルとして採用したため我々に、負のイメージを強烈に植え付けましたが、その歴史は古く五〇〇〇年前にはすでに使用されていたと伝えられています。

「スワスティカ」はサンスクリット語の「スヴァスティカ」に由来し、本来は「幸福」または「幸運」といった意味がありました。我が国においても、仏教に用いられる吉祥の印「万字紋」はその系譜にあると言って良いでしょう。

ヨーロッパでも二〇世紀初頭、ハーケンクロイツは幸福のシンボルとして盛んに用いられていましたが、やがて民族主義運動と結びつき「アーリア系の象徴」と見なされるようになります（白円はアーリア人を表しています）。

第一次世界大戦後、ハーケンクロイツは疲弊したドイツ国民につけ入り勢力を急速に拡大した極右国家主義運動に取り込まれ、ナチス・ドイツの総統アドルフ・ヒトラーが著書

『わが闘争』の中で、「私が自ら数え切れないほどの試行を重ね、赤字に白円、その中央に黒い鉤十字という最終的な国旗を定めた」と書いているように、一九三五年九月十五日に公布された『国旗法』によって正式にドイツ国（Deutsches Reich）の国旗として制定されます。

ベルリン大会が開催された前年の七月に、米ニューヨークに入港したドイツの大型客船『ブレーメン』が掲げていたハーケンクロイツの旗を、ファシズムに反対する活動家たちが引きずり落とし、海に投げ捨てるといった事件が発生します。

これに対して独政府はすぐさま抗議を申し入れたものの、米政府は「正式な国旗ではないため、国旗の名誉を汚したとはいえない」と、まともには応じなかったため、ナチス・ドイツは急遽それまで併用していたドイツ帝政時代と同じ配色の三色旗を廃し、ハーケンクロイツを国旗に定めました。

一九三三年一月に政権を掌握したナチス・ドイツはアドルフ・ヒトラーを国家元首に据え、ベルリン大会に備えます。

ドイツのユダヤ人アスリートに向けられた差別や排除、ナチス・ドイツによるオリンピックの政治的利用に対する批判が高まる中、一九三三年六月にウィーンで開かれたＩＯＣ

総会で、ドイツのオリンピック委員会から「原則として、ドイツの選手団からユダヤ人競技者を排除しない」といった誓約が取れたとして、翌年五月のＩＯＣ総会においてベルリン大会の開催が確認されます。

しかしながらドイツでは、一九三五年九月十五日に制定された『国籍法』（ニュルンベルク法）によってユダヤ人やロマ民族は事実上、公民権を剝奪《はくだつ》され、同国のスポーツ界から排除されていきます。

ベルリン大会の開催前と期間中にのみ反ユダヤ攻撃は表向きには影を潜め、「ユダヤ人お断り」といった看板は公共の場からは姿を消しました。

ユダヤ系オーストリア人作家シュテファン・ツヴァイクや『ヴェニスに死す』などの作品で知られ反ナチスの急先鋒《きゆうせんぽう》であったノーベル文学賞作家トーマス・マンらの作品は、発禁処分となっていたにもかかわらずオリンピック開催期間中に限り書店に並んだといいます。

女子フェンシング選手であったヘレン・メイヤーだけがユダヤ系ドイツ人としては唯一、（ドイツにおける市民権は剝奪されていたにもかかわらず）代表選手に選ばれます。

ナチス・ドイツが国際世論を緩和するために行った選考であったともいわれていますが、

彼女は個人種目で銀メダルを獲得し、表彰台ではナチス式の敬礼を行っています。

米国に在住していた彼女は後に、「ドイツの強制収容所に入れられていた家族を守るために、そうせざるを得なかった」と、語っています。

第三章　国のシンボルと国際政治

国威発揚に利用も

自由主義を標榜《ひょうぼう》する米国においても、ほんの一世紀足らず前には人種差別が公然と行われていました。

一九五〇年代から六〇年代にかけて巻き起こったアフリカ系米国人に対する差別の撤廃と市民としての自由と権利を求める公民権運動が生まれる以前のことです。

米陸上コーチとしてベルリン大会に参加したディーン・クロムウェルでさえ一九四一年に刊行された著書『陸上競技におけるチャンピオンシップ・テクニック』の中で、アフリカ系米国人が陸上競技において秀でている理由は、飛んだり跳ねたりする能力がつい最近までは彼らの生死を分かっていたからだ、と臆面《おくめん》もなく記しています。

米国からは七名のユダヤ人選手が参加しましたが、四〇〇メートルリレーの代表選手であったマーティン・ドリックマンとサム・スティラーはユダヤ系であったがために大会直前にメンバーから外されてもいます。

後にＩＯＣ会長となる米オリンピック委員会（ＡＯＣ）のエイベリー・ブランデージ会長が親ナチス・ドイツだったこともユダヤ人アスリートの排斥に拍車を掛けました。

また一方では当時の社会情勢として、米国選手団のボイコットを主張し、自らの民族的・宗教的大義のためにオリンピックを政治的手段として利用しようとしているのではないか、といった偏見に基づく米国内のユダヤ人組織に対する反感、差別意識もあったといわれています。

ヒトラー自身は当初、オリンピックを、「ユダヤ主義に汚れた芝居であり、国家社会主義の支配するドイツでは上演できない」と公言して憚《はばか》りませんでした（開催地決定時には、彼はまだ政治の表舞台には登場していません）。

しかし、プロパガンダに長《た》けた宣伝相のヨーゼフ・ゲッベルスにスポーツの祭典の宣伝効果を説かれ、オリンピックを国威発揚を促す国家的行事として位置付け、これを利用する決断を下します（ナチス・ドイツが国庫から支出した四〇〇〇万ライヒスマルクという金額は、過去のオリンピックに要した費用の総額を遥《はる》かに上回るものでした）。

敗戦後、ドイツではナチス・ドイツによる暴走、ユダヤ人の大量虐殺を国民が阻止できなかった反省から、刑法第八六条、八六a条によって「憲法秩序に反する団体組織の標章頒布・公然使用」は固く禁じられます。いわゆる「民主主義を否定することを認めない民主主義」（戦う民主主義）です。

禁止された「シンボル」は、旗や制服、挨拶《あいさつ》やスローガンなどで、ハーケンクロイツやナチス・ドイツの党歌『ホルスト・ヴェッセル・リート（旗を高く掲げよ）』、ナチス式の敬礼もこれに含まれます。さらには二〇〇五年の刑法改正で刑法一三〇条1項、2項（民衆扇動罪）の適用対象に、ネオナチによる示威行動やヒトラーやナチス・ドイツを礼賛する言動、ヘイトスピーチも加えられました。

我が国の日の丸も戦後、連合国軍最高司令官総司令部（ＧＨＱ／ＳＣＡＰ）により、一九四九年一月一日まで掲揚が原則禁止されていました。その間、船舶に掲げる商船旗には国際信号旗の「Ｅ」の旗を基に旗竿《はたざお》から遠い端が三角に切り取られた旗が代用されています。「Ｅ」は「エコー（Echo）」。「本船は右に針路変更中」といった意味があります。

また、米国占領下の沖縄で用いられた沖縄船舶旗には、国際信号旗の「Ｄ」に基づいたデザインの旗の掲揚が義務づけられましたが、沖縄の戦後を暗示するかの如く「Ｄ（Delta）」には「注意せよ。本船は操縦が困難である」といったメッセージがありました。

旭日旗《きょくじつき》も、軍国主義の象徴としてアジアの国々から屢々《しばしば》批判されます。太陽の光線を図案化したこのデザインも「日の丸」と同じく古くから親しまれたもので「日足紋」として戦国時代には、北九州の武家を中心に筑後《ちくご》の草野《くさの》氏や肥前《ひぜん》の龍造寺《りゅうぞうじ》氏・大村《おおむら》氏、肥後《ひご》の菊《きく》池《ち》氏、また江戸期には鍋島《なべしま》氏らが家紋として用いています。

一八七〇年に大日本帝国陸軍が「陸軍御国旗」として採用し、一八八九年には海軍も軍艦旗として旭日旗を採用。第一次、第二次世界大戦を通じて軍旗として用いたため、我が国のアジア侵略と紐付《ひもづ》けされることとなります。

旭日旗は戦後、一九五四年七月一日に自衛隊の発足に伴い陸上自衛隊は「自衛隊旗」、海上自衛隊は「自衛艦旗」として復活していることから、同じ敗戦国でありながらもドイツは戦後、戦争犯罪について我が国とは異なった法解釈を行っていることがわかります。

一方、ドイツの国歌はどうかといえば、『四季』や『天地創造』の作曲で知られるフランツ・ヨーゼフ・ハイドンが一七九七年に、オーストリア帝国の皇帝フランツ2世の誕生日に捧《ささ》げた楽曲『皇帝讃歌』（正式名称は“Gott erhalte Franz den Kaiser, Unsern guten Kaiser Franz!”）が一九二二年八月十一日にワイマール共和国の国歌（Deutschlandlied）として制定されています（後にハイドンは、この旋律を主題に弦楽四重奏曲op76－3の第二楽章の変奏曲を作曲しました。そのためこの曲は『皇帝』の名称で親しまれています）。

国土が分裂していた一八四一年に、文学部教授であり著名な詩人でもあったアウグスト・ハインリヒ・ホフマン・フォン・ファラースレーベンが、祖国統一を願って書いた詩歌『ドイツ人の歌』が歌詞として採用されます。

一八一五年以降、ドイツ語を母語とする地域は三九の国家（帝国1、王国5、選帝侯国1、大公国7、公国10、侯国11、自由都市4）から成り、ウィーン会議においてこれら諸国家が結集し、ドイツ連邦を結成することが決議されました。

しかしながらドイツ連邦には国家元首はもとより、統一国家を司《つかさど》る役所も法律も軍隊もなかったため、ファラースレーベンのような左派自由主義政治思想の信奉者らは焦燥感に駆られていました。

「世界に冠たるドイツ（Deutschland, Deutschland über alles）」で始まるこの曲の初演は、一八四一年十月五日にハンブルクで行われた松明行列の折でしたが、国民に浸透したのはビスマルクがドイツ帝国を建国した一八七一年以降となります。

この時、歌詞の「ラインの守り（Die Wacht am Rhein）」が「勝利の栄冠を戴く故国の支配者万歳！（Heil Dir im Siegerkranz, Herrscher des Vaterlands!）」に変更されたため、当時から第一節の国粋主義的な文言は行き過ぎだといった批判が絶えませんでした。

統一と正義と自由！

『ドイツ人の歌』の第一節にも登場するこのライン川を死守するといったフレーズにドイ

ツ人は、特別な想いを抱いています。この詩が書かれた当時、隣国フランスではルイ＝ナポレオン・ボナパルトがフランス皇帝ナポレオン3世に即位しますがプロイセンが撃破。宰相ビスマルクがナポレオン3世と合意したのがオーストリアとの戦いに勝利した後のライン川左岸への進出であったため、ドイツ人にとってライン川は祖国を守る最後の防波堤といった意識があります。

　こうした不穏な社会情勢を反映し、マックス・シュネッケンブルガーが作詞し、一八五四年にカール・ヴェルヘルムが曲をつけた『ラインの守り』という楽曲が愛唱歌として広く国民に親しまれ、今に至るまで盛んに歌われています。

雄叫びは雷鳴のごとく
剣戟の響き　波飛沫のごとく　轟く
ラインへ　ラインへ　ドイツのラインへ
誰が今宵　神聖なる流れを守るというのか
愛しき祖国よ　安らかなれ

この曲は、同志社大学の校歌『同志社カレッジソング』の元歌にもなっていますが、一般にも良く知られているのはアカデミー賞を受賞した名作『カサブランカ』に登場する一シーンでしょう。

親ナチス・ドイツのヴィシー政権の管理下にあった仏領モロッコのカサブランカ。主人公リックの経営する酒場『カフェ・アメリカン』で、シュトラッサー少佐率いるドイツ兵たちがシャンペングラスを掲げて『ラインの守り』を気持ち良く合唱しています。これを見るに見かねた反ナチス・ドイツのリーダー、ヴィクトル・ラズロが席を立ち、楽団に向かってフランス国歌『ラ・マルセイエーズ』を演奏するように促します。

ドイツ兵、そして酒場にいたフランス人たちが大声で歌合戦を演じ、やがてドイツ人の心の故郷を歌った『ラインの守り』が『ラ・マルセイエーズ』に圧倒され、掻《か》き消される。フランス人の愛国心を描いた映画史上に残る名シーンです。

『ドイツ人の歌』は一九二二年八月十一日に、ドイツ初の社会民主党政権によって国の愛唱歌に採用されることとなります。当時のフリードリッヒ・エーベルト帝国大統領は、「統一と正義と自由！　ここで謳われているこの三つの言葉は、ドイツ内部の分裂と抑圧の時代に、ドイツ人すべての抱く切なる希望を表したものである。これらの言葉は今後も、より良き未来の構築に向け、困難な道程を歩む我らの座右の銘となろう」と述べています。しかし、皮肉なことにこの歌はナチス・ドイツに受け継がれ、ヨーロッパ全土を戦場へと引きずり込む行進曲ともなりました。

この国歌は、ナチス・ドイツが国威発揚に用いたことから第二次大戦後、連合国軍によって処罰対象に指定されます。そのため一九五〇年八月には、言語学者であったハンス・フェルディナンドマスマンが一八二〇年に作詞した『我はこの身を故国に捧げり（Ich hab' mich ergeben）』が代用されました。

しかしながら、一九五一年秋にドイツ連邦共和国（旧・西ドイツ）で行われた世論調査では西ドイツ国民の四分の三が『ドイツ人の歌』を支持し、三分の一が第一節に代わり第三節のみを国歌として歌うことに賛成したため定着することはありませんでした（ちなみに『我はこの身を故国に捧げり』の旋律は現在、ミクロネシア連邦の国歌に使われています）。

当時のコンラート・アデナウアー連邦首相が議会で突然歌い出し、大半の議員がこれに唱和するなど、『ドイツ人の歌』は広く国民に愛されていたことがわかります。

またある時期には、楽聖ルートヴィヒ・ヴァン・ベートーベンの交響曲第九番より『歓喜の歌』が国歌の代わりを務めたこともありました（我々日本人にも馴染《なじ》み深いこの『歓喜の歌』は二〇〇三年に、欧州連合歌として制定されています）。

そんな折、フィンランドで開かれた第十五回ヘルシンキ大会（一九五二年）において、日本と同じくオリンピックに戦後復帰を果たした旧・西ドイツは、歌詞の三節にある「統一と正義と自由を（Einigkeit und Recht und Freiheit）」が、当時のドイツを取り巻く状況、東西ドイツの分断と偶然にも合致していることから、『ドイツ人の歌』の三節のみを再び国歌として採用することを明らかにします。

一節が除外された理由は、歌詞に登場する「すべてを越えたドイツ」という文言と、マース川（現・オランダ）やエチュ川（現・イタリア共和国）といった地名がオーストリア帝国時代の領土であったこと（逆にナチス・ドイツは、第一次世界大戦によって失われたドイツ語圏の領土復活を目指し一節のみを認め、二節と三節の歌唱は禁止しました）、また、二節については女性蔑視《べっし》のニュアンスが批判の的となったためでした。

この国歌は、一九九〇年二月に連邦憲法裁判所によって漸《ようや》く、第三節のみが「刑法によって保護される」との判断が出され、現在も使われています。ただし、国歌に関する正規の法律は未《いま》だ策定されていません。

統一と正義と自由を
祖国ドイツに！
友よ　求めて進まん
心合わせ　手を結び！
統一と正義と自由は
幸せの証
この幸せの輝きの中
栄えあれ　祖国ドイツ

近代オリンピックを考案したクーベルタン男爵は、「スポーツを通じて心身を向上させ、さらには文化・国籍など様々な差異を超え、友情、連帯感、フェアプレーの精神をもって理解し合うことで、平和でより良い世界の実現に貢献する」といった崇高な理想を掲げていました（この「オリンピズム」の根本原則は、オリンピック憲章にも「オリンピズムの目的は、人間の尊厳の保持に重きを置く平和な社会の推進を目指すために、人類の調和のとれた発展にスポーツを役立てることである」といった件《くだり》に反映されています）。

彼の幼少期、母国フランスはプロシャとの普仏戦争（一八七〇年）を経て、翌年にはナポレオン3世の第二帝政が崩壊し第三共和政に移行するなど混乱の極みにありました。

こうした当時の時代背景が、クーベルタンが成人した後、英米を見聞して廻《まわ》り、スポーツを通じた青少年教育に目覚めて編み出した「スポーツの力を取り込んだ教育改革を地球上で展開し、これによって世界平和に貢献する」といったオリンピズムの理念形成に大きな影響を与えたとも考えられます。

さらにクーベルタンの父が画家であったことから彼自身も芸術に対する造詣《ぞうけい》が深く、一九一二年の第五回ストックホルム大会から四八年の第十四回ロンドン大会までは、古代オリンピックに倣いスポーツと共に芸術競技（建築、彫刻、絵画、音楽、文学）も開催されていました。

これはスポーツを題材にした芸術作品を採点する競技で、日本からは藤田《ふじた》隆治《りゅうじ》が描いた日本画『アイスホッケー』がベルリン大会で銅メダルを獲得しています。クーベルタンはこうした試みを通じて、西洋人にとっての自由の象徴である古代ギリシャの神聖性をオリンピックに取り入れようとしています。

そのため初期のオリンピックにおいてはスポーツを通じて国籍や人種、宗教の垣根を越えた理想郷の具現化が最大の目的であり「国家」といった意識は希薄。むしろ、政治色を排除する姿勢を明確に打ち出していました。

そこに神聖ローマ帝国、ドイツ帝国に続く第三帝国（Drittes Reich）を自認するナチス・ドイツがナショナリズムの火種を持ち込みます。

「聖火」の表記が使われたのはベルリン大会以降

聖火リレーもベルリン大会で初めて採用された儀式でした。古代オリンピック発祥の地であるギリシャのオリンピアにあったプリュタネイオン（迎賓館）で、炉または竈《かまど》の女神ヘスティア（ローマ神話のウェスタ）によって護《まも》られていた永遠の炎は、祭壇で生け贄《にえ》を捧げる際に用いられたと伝えられています。

ヘスティアは、共和政ローマ末期の哲学者キケロによれば「すべての祈禱《きとう》や供養は彼女に始まって彼女に終わる」といわれていただけに、オリンピックといった祝祭を司るにふさわしい処女神と目されました。

古代ギリシャでは、屈強な全裸の男性たちが聖火の灯《とも》された葦《あし》をリレーし、アッティカ地方の港湾都市ピレウス（古代名はペイライエウス）からアクロポリスのプロメテウスの祭壇まで運んでいます。

近代オリンピックにおいて、競技場に聖火を灯す儀式が復活したのは、一九二八年に開かれた第九回アムステルダム大会でした。しかしながら厳格なプロテスタントが多数を占めるオランダでは、古代ギリシャの宗教儀式を踏襲するオリンピックの開催に反対する声が数多く聞かれました。

そのため大会期間中、日曜日には競技を行わないなど幾つかの妥協案を提示し、政府からの資金援助は得られなかったものの富裕層の支持を得たことから漸く開催に漕《こ》ぎ着けたといいます。

ベルリン大会から始まった聖火リレーは、オリンピアで採火された灯を約三〇〇〇キロ離れたベルリンの十一万人を収容する巨大なメインスタジアム『ベルリン・オリンピアシュタディオン』まで、三〇七五名ものランナーたちが一キロずつ運ぶといった壮大なプランが、ベルリン大会組織委員会事務総長でオリンピック研究の第一人者でもあったカール・ディームによって考案されました。

ブルガリアからユーゴスラビアを経てハンガリー、オーストリア、チェコスロバキアなど七ヶ国に跨《また》がる聖火リレーのコース周辺の道路事情や地形は、聖火リレーといった大義名分を掲げたナチス・ドイツによって事前に隈無《くまな》く調査され、得られたデータは、後にドイツ軍参謀本部が兵要地誌調査に活用し、第二次大戦ではこのルートを逆に辿《たど》る形でドイツ軍のヨーロッパ侵攻が行われました（ステンレス製のトーチには、これを作った同国最大の兵器製造会社であったクルップ社のロゴマークが刻まれていました）。

ナチス・ドイツにとって、オリンピックにおける神聖な儀式の数々は、アーリア民族の人種的優越性とユダヤ人選手も差別しないといった寛容な国民性を国内外に知らしめる絶好のツールとして機能したというわけです。

ちなみに「聖火」は、英語では単に“Olympic flame”、フランス語では“Flambeau Olympique”と表され、「聖」といった属性はありません。

我が国の新聞紙上において「聖火」の表記が現れるのはベルリン大会以降。当時、ドイツとの外交交渉の大詰めを迎えていた『共産「インターナショナル」ニ対スル協定及附属議定書』（日独防共協定）に配慮すると共に、日本独自の競技である駅伝とも相通じる「リレー」に神性を、意図的にオーバーラップさせたものと考えられます。

政治的中立性を保つことを是とするＩＯＣは、こうしたナショナリズムを巡る論争からは、頑《かたく》なに距離を置き続けた歴史があります。

スウェーデンで開かれた第五回ストックホルム大会（一九一二年）では、オーストリア＝ハンガリー帝国が、その支配下にあったチェコ人やハンガリー出身のマジャール人選手も、同国の国旗の下に参加することを求めたことからオーストリアとハンガリーとの間で衝突が起こるなど、早くも国家意識の高まりが見られました。

それでもスウェーデンのＩＯＣ委員であったヴィクトル・バルク将軍は、「ＩＯＣの認めたスポーツ領域は、政治上の領域とは異なる。オリンピックには政情の領域に関係なく独立して参加する資格がある」と主張しています。

また、第十二回東京大会（一九四〇年）がＩＯＣ総会で採択されると、米『ニューヨーク・タイムズ』紙はすかさず社説で、米国選手団がベルリン大会に参加したことで間接的に「ナチス・ドイツの宣伝に加わった」のと同様に、米国選手団が東京大会に参加すれば日本軍の中国侵略を暗に認めることとなる。よって「我々は第十二回大会参加を拒否することによって、日本政府の行動に対する我々の道徳的判断を示すことができる」と、オリンピックがナショナリズムのショーケースと化すことに警鐘を鳴らしました。

しかしながら、こうした批判に対しても米オリンピック委員会（ＡＯＣ）のブランデージ会長は、「我々の委員会や競技者にとって、日本がとっている軍事的政策が好きか嫌いかということは重要なことではない」とし、「我々のただひとつの関心事は、日本が大会を確かに準備できるのかどうかということである。当委員会は、首尾一貫して次のような立場をとって来た。すなわち、肌の色とか教養、階級の相違から常に自由であるべきアマチュア・スポーツの中には、政治が占有する場所はない。競技者は開催国の人種、宗教、政治、経済といった諸々の問題を考慮に入れるべきではない。一九三六年の時もこの原則を貫き、今も変更はないのである」と述べ、開催国の政治体制の如何にかかわらずオリンピックは開催されるべき、といった強い意志を表明しています。

しかしながら紀元二六〇〇年記念行事の一環として東京市が九〇万円（現在の貨幣価値で約二三億円）もの巨費を投じて準備を進めたこの東京大会は、日中戦争の勃発《ぼっぱつ》・長期化に伴い軍費が嵩《かさ》んだことから軍部からも反対意見が出され、国内外からの圧力に耐えかねた近衛《このえ》文麿《ふみまろ》内閣は一九三八年七月十五日に開催権の返上を決議し、結果的に幻のオリンピック、となりました。

国を挙げての戦力強化

このように第一次、第二次世界大戦がナショナリズムの高揚によって引き起こされた事実を踏まえ、戦後になって当のＩＯＣがオリンピックにおける国旗・国歌の使用廃止を真剣に考えていた時期があったことはあまり知られていません。

一九五二年から七二年まで会長（第五代）を務めたブランデージは、就任間もない一九五三年四月に開かれたＩＯＣ理事会とＮＯＣとの合同会議において、「メダル授与時における国歌の演奏を、トランペットによるオリンピックファンファーレに代替する必要性がある」と訴えました（以下、ブランデージの発言部分は黒須朱莉論文による）。

同案は満場一致で否決されてしまいますが、フランスのコンテ・ドゥ・ボーモントＩＯＣ委員が提案した国歌の演奏時間の短縮については承認されています。冷戦期に入り米ソ間の対立が激しさを増す中、ＩＯＣといえども国際政治の荒波から逃れ、政治的中立性を保つことは困難となりつつありました。

一九五六年に開催された第十六回メルボルン大会では、「中国台湾チーム」の参加に抗議し「中国北京チーム」が選手団を引き揚げるなど、オリンピックにおいても政治介入が頻発するようになります。

これら「政治的な侵害」は「愛国的な誇り」によって引き起こされるものであると考え、これを助長する国旗や国旗の儀式は廃止もしくは制限すべきだと考えるブランデージ会長は、その後も幾度となく国旗掲揚・国歌演奏に反対の意を表しました。

一九六〇年二月に開催されたＩＯＣ総会の開会スピーチでは、「オリンピック競技大会における競技者たちは、一国家の代表としてではなく、一スポーツマンとしてやって来るべきである」として、国歌だけではなく国旗の廃止についても言及しています。

六〇年代に入ると、例えば国際スケート連盟（ＩＳＵ）は国歌斉唱や国旗掲揚の廃止に前向きな対応を見せ、国際フィギュアスケート大会と欧州世界選手権の表彰式では国歌演奏の代わりにベートーベンの『歓喜の歌』を流し、優勝者の国籍には触れず氏名のみをアナウンスするといった方法を実践しています。

しかしながら、旧・ソ連のＮＯＣ代表であったローマン・キセルブなどは、「選手たちはどのようにして認識されるのか？　選手たちから国家を代表するといった誇りを奪うことはできない」と猛烈に反論し、両者の主張は平行線を辿ります。

冷戦時代に突入し、オリンピックは米ソ間の代理戦争の様相を呈しつつありました。特に旧・ソ連はスポーツの普及と強化を国策として掲げ、全国から有能な選手を集め、国家公務員として英才教育を施しました。メダリストには名誉称号や報奨金、マンションや別荘が支給されただけではなく、生涯年金を保証するなど国を挙げての戦力強化に突き進みます。

こうした伝統は、ロシア連邦になった後も継続されており、例えば韓国の平昌《ピョンチャン》で開催された冬季オリンピック（二〇一八年）のフィギュアスケートで金メダルを獲得したアリーナ・ザギトワ選手には、四〇〇〇万ルーブル（当時の為替レートで約一六〇〇万円）の報奨金に加えて独高級車ＢＭＷとマンション、一生分のガソリン代（未成年の場合は運転手付き）が国から支給されています（一方、同大会においてＪＯＣが金メダリストに支払った報奨金は五〇〇万円。ＪＯＣはバルセロナ大会が開催された一九九二年から報奨金制度を導入しましたが、アマチュアリズムに重きを置いていた当初は最大で三〇〇万円に留《とど》まっていました）。

当時、ＩＯＣを悩ませていたのは東西ドイツの参加問題でした。戦後、ドイツ連邦共和国（旧・西ドイツ）とドイツ民主共和国（旧・東ドイツ）に分断された両国をどのような立場で参加させるべきか。

五〇年代は、両国に共通する黒・赤・金（黄）の横三色旗にオリンピックのシンボルをあしらった統一旗を用いて、表彰式では国歌の代わりにベートーベン作曲の『歓喜の歌』を使用していました。

東京大会の表彰式では、「〇〇選手とドイツ国の栄誉を祝し、ドイツを讃《たた》える曲を演奏し、国旗の掲揚を行います」といったアナウンスが流れ、統一旗の掲揚に合わせて『歓喜の歌』が演奏されています。

ところが、一九五九年に東ドイツが「労働者・農民・知識人の団結」を示すハンマーと分度器を麦の穂で囲んだ国章を三色旗の中央に配した国旗を制定したことで東西ドイツは国旗の取り扱いで反目するようになります。

ＩＯＣは内政干渉のそしりを受けぬよう細心の注意を払いつつ、両国のＮＯＣを承認した上で第十九回メキシコ大会（一九六八年）では、東西ドイツは「別々のチームとなるが、同じバナーの下に行進し、同じ賛歌と同じエンブレムを使用する」といった苦肉の策で両国の了解を取り付けることに成功します。まさに冷戦時代を象徴するひと幕だったといえるでしょう（前掲、黒須論文による）。

同じ分断国家である朝鮮民主主義人民共和国（北朝鮮）は、名称問題が解決できず同大会への参加は見送られました。北朝鮮が初めてオリンピックに参加したのは一九七二年に旧・西ドイツで開かれたミュンヘン大会でした（冬季オリンピックは一九六四年にオーストリアで開かれたインスブルック大会から）。

東西ドイツと同じく、南北両国が統一チームを結成するといったプランは一九九〇年に北京で開催されたアジア競技大会を契機に具現化されます。両国間で折衝が繰り返され、漸く合同チーム旗が考案され、国歌の代わりとして高麗《こうらい》王朝末期に作られた朝鮮民謡『アリラン』を使用することで合意に至りました。

同大会には間に合わなかったものの翌年、千葉県で開かれた第四一回世界卓球選手権大会に統一コリアチームが参加したことで、合同チーム旗は初めて公式に披露されます。この旗には、白地の中央に朝鮮半島と済州島《チェジュド》、鬱陵島《ウルルンド》が空色で描かれており、両国の統一への悲願が表されています。

南北合同チームのオリンピックへの出場は、二〇一八年に韓国の平昌で開かれた第二三回冬季競技大会で実現します。核・ミサイル開発を巡り国際的に孤立状態にあった北朝鮮でしたが、女子アイスホッケーの合同チームとしてオリンピック・デビューを果たします。ここでもＩＯＣの張雄《チャンウン》委員は、「政治とオリンピックは別物である」と論じています。

合同チームの名称は、北朝鮮が主張する「高麗」、韓国の「ハンナラ（ひとつの国）」のいずれも採用には至らず、英語表記に則した「コリア（Korea）」に落ち着きました。同チームの成績は、出場国中最下位の八位に終わりましたが、両国にとっては歴史的な一歩ともなりました。

【平昌五輪閉会式での入場行進】
統一旗と北朝鮮、韓国の国旗を振る両国の選手たち（写真提供：共同通信社）

史上最悪の惨事

一方、ドイツでは一九七二年に旧・西ドイツで開かれた第二〇回ミュンヘン大会で、開催期間中にパレスチナのテロ組織「黒い九月」がイスラエル選手団の宿舎に侵入し、ユダヤ系アメリカ人選手とレスリング・コーチを殺害、人質となった九名も手投げ弾によるゲリラの自爆の巻き添えとなり死亡するといったオリンピック史上最悪の惨事が起こります。

これを機にＩＯＣは、政治色を排除すべく一九七八年にオリンピック憲章を改正し、「開会式で、王、または元首、または国家主席は、その国の国歌の演奏を受ける」といった件を「自分の歌の演奏を受ける」に変更し、表彰式における「優勝者の国の国旗、優勝者の国歌」といった表現を「優勝者の選手団の旗、選手団の歌」に改めました（傍点著者）。

ある意味においてクーベルタンが提唱したオリンピズムへの回帰であり、「オリンピック憲章の遵守を妨げる恐れのある政治的、法的、宗教的、経済的な圧力」に抵抗するための方策でもあったといえるでしょう。

このようにブランデージは、クーベルタンが提唱したオリンピズムの守り手であることを自認し、オリンピックは国家間の対抗試合ではなく個人が争う大会であることを頑なに守り続け、過度なナショナリズムを煽《あお》るとして国別ランキングにも反対していました（現行のオリンピック憲章では五七条「入賞者名簿」として「ＩＯＣとＯＣＯＧは国ごとの世界ランキングを作成してはならない」とあります）。

原理主義者と批判されようとも、オリンピックのアマチュアリズムに最後までこだわったのも彼で、アマチュアリズムの持つ「騎士道の精神、競技者に対する尊敬、徹底したフエアプレーと優れたスポーツマンシップといった精神的価値」を堅持し続けました。

一九七二年一月に来日した際、彼は日本記者クラブにおいて、「アマチュアリズムというものはあくまで競技者がそのスポーツに関心をもち、自分を、もっとよくするために努力することによって満足感を感じるものです。物質的なものというものは、ただただ自分の参加によって金をもらうということで、スポーツというよりも仕事ということになるわけです」と語っています。

彼の退任後、オリンピックでは入場行進や表彰式における国旗掲揚、国歌演奏は固定化され、プロスポーツ選手に対しても門戸を一気に拡げ、商業化の道を辿り始めます。

休戦アピール

オリンピックは当初、個人やチーム単位での参加が認められていたと記しましたが、こうした精神は今も脈々と引き継がれています。

オリンピック憲章では「オリンピック競技大会に出場する競技者は、参加登録申請を行うNOCの国の国民でなければならない」と明記されていますが（四一条「競技者の国籍」）、特例措置としてオリンピック独立参加選手団（Independent Olympic Athletes）といった参加方法が設けられています。

これは様々な理由により当該国にNOCが設立されていない、国連やIOCの制裁下にある、または政治的、経済的理由から選手を送り出すことができない、といった不幸な事態を防ぐための救済措置で、クーベルタンが提唱した、オリンピックで重要なことは「勝つことではなく参加することである」といった理想を今に伝える施策といえるでしょう。

　この制度が初めて適用されたのは一九九二年にスペインで開催されたバルセロナ大会でした。この時期、ヨーロッパの火薬庫といわれていた旧・ユーゴスラビア連邦共和国では民族紛争が激化。国連安全保障理事会が、同国に対して経済制裁を科すと共にスポーツ交流も禁じたため、ユーゴスラビアのオリンピック参加は絶望視されていました。

　同国の選手たちを何とか救済したいと考えたＩＯＣは同年七月二三日、オリンピック開幕直前の総会で、世界各国に対して開幕七日前から閉幕七日後までの間、停戦を呼びかける「オリンピック休戦アピール」を初めて採択しました。

　このオリンピック休戦（Olympic Truce）という考えは、紀元前七七六年に古代ギリシャで始まったオリンピックの起源にまつわるエピソードを復活させたものです。

　ゼウス神の聖地であったオリンピアの領有を、都市国家のエリスとピサが争っていたところエリスの神が「戦争を中止して祭典競技会を」とのお告げをしたことがオリンピックの始まりとされています。

　そのため競技会を挟んだ一ヶ月間を、ギリシャ語で「手を置く」という意味の「エケケイリア（聖なる休戦）」と定め、オリンピアに集う選手や観客の安全を保障しました。

ＩＯＣは二〇〇〇年に「国際五輪休戦センター」をアテネに設置しています。国連も「オリンピック休戦アピール」に呼応する形で一九九三年から夏冬オリンピック開催の前年に開かれる総会でオリンピック休戦を決議するようになりました。

次の東京大会でも大会期間中、選手村に誰もがサインできる「休戦ムラール（壁）」が配置される予定になっています。

アスリートやスポーツの価値を守り、世界中の戦争がより平和的かつ民主的な解決に向かう道を模索する中で提唱されたこのオリンピック休戦。これが功を奏し、国連安全保障理事会の制裁監視委員会はオリンピック憲章の「オリンピズムの根本原則」に示された「オリンピック・ムーブメントは、オリンピズムの価値に鼓舞された個人と団体による、強調の取れた組織的、普遍的、恒久的活動である」といった条項に基づき、個人参加（ＩＯＰ：Independent Olympic Participants）を容認しました（東京大会でも二〇一九年十二月に開催された第七四回国連総会において、一八六ヶ国が共同提案国となり大会期間中のオリンピック休戦決議が採択されています）。

結果、ユーゴスラビアといった「国家」の代表としてではなく、個人の意志でオリンピックに出場した選手たちは、射撃競技で銀メダルを獲得したヤスナ・セカリッチ選手（女子十メートルエアピストル）を始め、三つの種目で表彰台に上がることができました。

この大会では、前年十二月二五日に旧・ソ連が崩壊し、ＮＯＣが未承認のままとなっていたバルト三国を除く十二の構成国によって臨時に編成された選手団ＥＵＮ（Equipe Unifiee）も参加を許されています。

独立参加選手団

その後もＩＯＣは、状況に応じて独立参加選手団を承認しています。二〇〇〇年のシドニー大会では、インドネシア共和国からの独立を目前に控え、国連東ティモール暫定行政機構（ＵＮＴＡＥＴ）の監視下に置かれていた東ティモール（現・東ティモール民主共和国）の四選手の個人参加が認められました。

また、リオデジャネイロ大会では難民選手団　ＲＯＴ（Refugee Olympic Team）が初めて組織されています。同選手団はシリア・アラブ共和国やコンゴ民主共和国、エチオピア連邦民主共和国、もしくは南スーダン共和国に国籍を持ち、内戦や政情不安により母国を後にせざるを得なかったアスリートたちによって構成されていました。

競泳女子一〇〇メートルバタフライに出場したシリア出身のユスラ・マルディニ選手は、「難民」としてオリンピックに出場すると聞かされ、「私は出場に値するのかと一瞬、立ち止まりました。トレーニングも十分ではなかったですし。誰もが私を見て、ああ難民だから出られたのだと思うでしょう。哀れに思われて出るのではなく、競泳選手として出たかったんです。でも両親は、あなたは一生懸命努力したし、この機会を捨てるなら、二度と巡ってこないかもしれない。悪い面ばかりでなく、良い面を見たらどうかと言いました。欧州に難民としてやってきて、いろんな人が何の見返りもないのに助けてくれましたし。それで、よし、やってみようと思ったんです」（「朝日新聞ＧＬＯＢＥ＋」二〇一九年九月二〇日付）と、複雑な胸の内を語っています。

今回の東京大会でも、世界反ドーピング機関（ＷＡＤＡ）が二〇一九年十二月、ドーピング不正にまつわるデータ改竄《かいざん》を理由に、ロシアを四年間、国際的な主要大会から除外するとの決定を下しました。

これを受けてロシア選手団は二〇二二年のＦＩＦＡワールドカップのカタール大会にも出場できなくなりましたが、ロシア反ドーピング機関（ＲＵＳＡＤＡ）が法令を遵守しなかったことが原因で、これをＩＯＣも支持したため二〇一八年の平昌オリンピック冬季競技大会に続く不祥事となりました。そのため同大会同様、東京大会にも彼らは個人資格（OAR〔Olympic Athlete from Russia〕）で参加せざるを得ません。

　これら独立参加選手団がオリンピックに出場する際、国旗にはオリンピック旗が用いられます。開・閉会式における入場行進や表彰式には国旗の代わりにこの旗が掲揚されます。左から順に青、黄、黒、緑、赤色の同じ大きさの五つの輪が繋《つな》がり合ったデザインは、一般的に五輪マークと呼ばれています。

　オリンピック・シンボルについてオリンピック憲章第八条では、「オリンピック・ムーブメントの活動を表すとともに、5つの大陸の団結、さらにオリンピック競技大会に世界中から選手が集うことを表現している」と説明されています。

　このデザインは、古代オリンピックなど祭典競技が催されていたパルナッソス山の南麓《なんろく》に位置する聖域デルフォイのアポロン神殿の、祭壇の壁に刻まれた五輪の紋章からクーベルタン男爵が着想を得たといった説が広く伝わっていますが、どの色の輪がどの大陸を指すかは特定されていません。

　彼自身は、「この五色に白を加えた六つの色を組み合わせると、当時の世界の国旗の殆どが描けたことから、世界はひとつという意味を込めてこれらの色を選んだ」といわれています。

オリンピック旗は一九二〇年に開催されたアントワープ大会から掲揚され、同時にオリンピック宣誓も行われるようになりました。

古関裕而の採譜

また、国歌の代わりには『オリンピック賛歌』が演奏されます。ギリシャの詩人コスティス・パラマスが作詞し、スピロ・サマラが曲をつけた楽曲で、第一回アテネ大会（一八九六年）の開会式で披露されました。

その後、楽譜が消失したため、長らく演奏されることはありませんでしたが、アジア初のＩＯＣ総会が東京で開かれる直前になり（一九五八年）、サマラ自身がピアノ用に編曲した楽譜がギリシャで発見されます。

ＪＯＣはこれを阪神タイガースの球団歌『六甲おろし』や夏の全国高等学校野球選手権大会の歌『栄冠は君に輝く』などの作曲で知られ、ＮＨＫ連続テレビ小説『エール』（二〇二〇年）のモデルにもなった古関裕而に採譜、オーケストラ用の編曲を依頼します。

そして同年五月十四日に東京・渋谷のＮＨＫホールで昭和天皇、ブランデージ会長列席の下、NHK交響楽団によって演奏されました。このアレンジが現在も『オリンピック賛歌』の公式バージョンとなっています。
ボブ・ディランの『風に吹かれて』も訳詞した詩人、野上彰《のがみあきら》の手による『オリンピック賛歌』の公式訳は、完全な意訳となっています。

大空と大地に　清気あふれて
不滅の栄光に　輝く
高貴と真実と　美をば造りし
古代の神霊を　崇めよ
すべての競技に　ふるいたてよ
みどりの枝の　栄冠を
めざしてここに　闘う者に
鉄のごとき力と　新たなる
精神とを　あたえよ

気恥ずかしくなるほど大時代的な文言に、東京大会に対して当時の日本人が抱いていた桁違《けたちが》いの意気込みを感じ取ることもできるでしょう。

国歌・国旗を巡り、常に論争の的となるのが、愛国心と国粋主義との狭間《はざま》、境界線です。英語で愛国心はパトリオティズム（patriotism）、国粋主義、あるいは国家主義はナショナリズム（nationalism）と表されます。愛国心は、その土地に生まれ、育った者に自然と備わる郷土愛に近い感情です。

他方、ナショナリズムは「国家」といった概念に対する一途な忠誠心。信仰心といっても良いでしょう。

古関裕而［1909～1989］
（写真提供：福島市古関裕而記念館）

十九世紀以降に誕生した近代国家は、自立した個人（国民）が普遍的理念の元に集結した共同体と見なすことができます。国歌・国歌は、そうした国民の決意を体現する音楽、図像として機能しています。

ところが人間は、誰しも固有の文化や伝統、因習を纏《まと》って生きています。こうした土着の愛国心が、「民族」や「宗教」、「イデオロギー」に感化され、過度な一体性に陥ればナショナリズムへと変容していきます。

「文明」という普遍的価値ではなく、民族固有の「文化」に国家としてのアイデンティティが偏ると、これを共有していない異質な人々（非国民）を排除し、弾圧するといった事態をも引き起こします。

ノーベル物理学賞を受賞した理論物理学者のアルバート・アインシュタインは、詩人のジョージ・シルベスター・ヴァーレックのインタビューに答えて、「ナショナリズムは小児病だが、人類にとってははしかだ（Nationalism is an infantile disease. It is the measles of mankind）」（米『サタデー・イブニング・ポスト』紙一九二九年十月二六日付）と喝破しています。それほどナショナリズムの感染力は強く、一旦《いったん》、広まれば容易には手が付けられないほどの破壊力を発揮し、社会をも分断してしまいます。

近代国家と共に誕生した国歌・国旗も、ナチス・ドイツのみならず幾多の国々で国威発揚の名の下に、ナショナリズムのプロパガンダとして利用されて来た負の歴史を負っています。我が国の『君が代』、日の丸も決して例外ではありません。

しかしながら、こうしたナショナリスティックな側面を内包しながらも国歌・国旗は、必ずしも為政者が国民を統合するツールとして発展したわけではありません。むしろ、こうした前近代的な価値観への回帰と真っ向から対峙《たいじ》する新たな共同体のシンボルとして掲げられ、戦いを挑んできました。

国歌・国旗は、時の政府によって定められますが、強制力を以《もっ》てしても、国民に受け入れられなければ無用の長物と成り果てます。意外に思われるかも知れませんが、我が国でも戦争の記憶が薄れつつあった一九六〇年代前半において『君が代』は、学校や職場で斉唱される機会が殆《ほとん》どなかったため、一般庶民にとっては大相撲の千秋楽で歌われる歌、といった程度の認識しかありませんでした。

また、ロシア連邦においても旧・ソ連崩壊後、ボリス・エリツィン大統領が国民的作曲家ミハイル・グリンカを起用し、『ロシア愛国歌』を作成。国歌に制定すべく試みました。しかし、歌詞がなかったこともあり国民からはそっぽを向かれ、法制化は見送らざるを得ませんでした。このように国民の合意を得られず変更を余儀なくされた国歌・国旗は枚挙に暇《いとま》がありません。

国歌の代表格とも称されるフランスの国歌『ラ・マルセイエーズ』がフランス革命前夜、腐敗した政府を打倒すべく起《た》ち上がった義勇軍がパリを目指して行進した際に歌われた

『ライン部隊のための軍歌』（Chant de Guerre pour L'Armée du Rhin）を元歌としているように、国歌・国旗は権力に反旗を翻す民衆によって生み出され、育《はぐく》まれてきたのです。

自主独立の象徴である国歌・国旗

同じく近代に入り急速に発展したスポーツと国歌・国旗の関係も、こうした国家が併せ持つ二面性によって翻弄《ほんろう》され、時に反目し、やがて和解し、国民の共通認識を得るといった道程を辿ってきました。

一九六一年に独立を果たした南アフリカ共和国は、ラグビーの強豪国として知られています。しかしながら独立後もアパルトヘイト（人種隔離政策）を継続したため、一九八五年から九一年に至るまで国際ラグビーボード（現・ワールドラグビー）から除名され、国際試合は禁じられていました。

一九九五年六月二四日、同国で初めて開催されたラグビー・ワールドカップの決勝戦。ヨハネスブルクのエリス・パーク・スタジアムでスプリングボクスの愛称で知られる南アフリカ代表は、オールブラックスの異名を持つニュージーランド代表と対戦しました。

この大会を念頭に置いて作られた同国の国歌は、英語のみならずコサ語やズールー語、ソト語、アフリカーンス語といった五つの言語によって構成されています。六万五〇〇〇人もの大観衆が詰めかけたスタジアムで、黒人の快速ウィングとして黒い真珠とも呼ばれたチェスター・ウィリアムズ選手は、白人、黒人を問わず観衆が一体となって新たな国歌『神よ、アフリカを祝福したまえ』（Nkosi Sikelel' iAfrika）を歌う光景に感動したと語っています。

　というのも、それまでは英国の自治領であった南アフリカ連邦時代からコーネリス・ジャコバス・ランゲンハーヴェンが一九一八年にしたためた詩歌を元にした『南アフリカの呼び声』（Die Stem van Suid-Afrika）が国歌であり、アパルトヘイトのシンボルとして虐げられてきた黒人たちの憎しみの対象となっていたからに他なりません（同国がオリンピックに参加した一九九二年に開かれたバルセロナ大会では、この国歌の代わりにベートーヴェン作曲の『歓喜の歌』が使われています）。

　そのため、スタジアムを揺るがした『神よ、アフリカを祝福したまえ』の大合唱は、民族融和を国是として掲げた新国家の幕開けを象徴する瞬間でした。この国歌斉唱の様子は、クリント・イーストウッド監督が手掛けた映画『インビクタス／負けざる者たち』（二〇一〇年）の中でも印象的に描かれています。

二〇一九年、我が国で開催されたラグビー・ワールドカップ決勝戦。同国代表初の黒人キャプテンとなったシヤ・コリシ選手が背負っていた背番号は「6」。それは二四年前のあの決勝戦で、黒人解放運動の指導者であり、黒人として初めて同国大統領の座に就いたネルソン・マンデラ氏が、スタジアムで身につけていたユニフォームに縫い付けられたものと同じ番号でした。

一方で、国歌・国旗を持たない共同体の悲哀も、スポーツを通じて垣間《かいま》見《み》ることができます。

一九九七年に主権が英国から中国へ返還された香港では、二〇一九年に犯罪容疑者の中国本土への引き渡しを認める「逃亡犯条例」の改正案反対に端を発した大規模デモにより都市機能が麻《ま》痺《ひ》状態に陥りました。

同年十一月に香港で開催されたＦＩＦＡワールドカップ、アジア二次予選の対バーレーン王国戦では、中国の国歌『義勇軍行進曲』の演奏時にスタジアム全体がブーイングの嵐に包まれ、逆に地元のミュージシャンThomas dgx yhl（仮名）が作詞・作曲した『香港に栄光あれ（Glory to Hong Kong）』の大合唱が巻き起こりました。

これに対してＦＩＦＡは、「国歌演奏時に混乱を生み『秩序と安全』にかかる規則に違反し、不適切なメッセージを発信した」として香港サッカー協会に対して罰金二万五〇〇〇スイスフラン（約三三三万円）と警告の処分を下しています。

「私は、香港人の偽らざる気持ちを伝えるこの歌が、香港の国歌になればいいと思っています。なぜ他国の人々が国歌を歌う時に涙を流すのか。私は今、初めて理解することができました。祖国に誇りを持つとはどういうことなのかを」と、顔を隠してデモに参加した学生は、地元テレビ局の取材に答えていました。

国家ではない香港は、国歌を持つことができません。この世界には、未だ祖国を持つことができない人々、いわゆるディアスポラが数多く存在します。彼らにとって祖国を建設し、自主独立の象徴である国歌・国旗を保持することは悲願以外の何物でもないのです。

二〇一九年に我が国で開催されたラグビー・ワールドカップ。九月二四日に埼玉県の熊《くま》谷《がや》ラグビー場で開かれたロシア連邦対サモア独立国戦では、市に招待された市内全十六の市立中学校の生徒と職員ら計約四三〇〇人が、両チームを歓迎すべく事前に両国国歌を習い、試合当日は選手と一体になって合唱することでホームゲームさながらの雰囲気を作り上げました。

我々日本人にとってはおもてなしのひとつに過ぎなかったわけですが、主催国といえども対戦国ではない第三国の観衆が両国の国歌を歌う、といった行為は他国から見れば極めて珍しい出来事でした。

そのため世界中のメディアがこぞってこの快挙を取り上げ好意的に報道しました。図らずも我々が、日本の一般大衆がスポーツにおける愛国心の新たな在り方を指し示した、ともいえるでしょう。

第四章　アスリートと国旗・国歌

国旗を纏ってウイニング・ラン

アスリートにとってオリンピックは、文字通りのスポーツの祭典です。特にアマチュア選手にしてみれば、四年に一度のこの大会を目指して日夜トレーニングに励み、全神経を集中させて本番に臨むだけに、夢にまで見た競技人生における檜舞台《ひのきぶたい》といって良いでしょう。

国際競技大会の頂点とされるＦＩＦＡワールドカップやラグビー・ワールドカップも同じくですが、プロスポーツ選手にとっても賞金のためではなく、祖国の威信をかけて戦う機会など滅多にないことからプロ・アマを問わず代表選手に選ばれ、国旗を背負って戦うことは大変な栄誉だといえるでしょう。

メジャーリーグ・ベースボール（ＭＬＢ）の選手会によれば、二年連続で減少したとはいえ二〇一九年シーズンの平均年俸は四〇五万一四九〇ドル（約四億四三〇〇万円）にも上っています（ちなみに同シーズンの日本のプロ野球選手の平均年俸は三九八五万円）。

また、トロント大学のパトリック・アドラー助教の分析によれば、米国以外の国で生まれたメジャーリーガーは（移民を含め）今や、ほぼ十名に三名の割合になっているといいます。

出身国は近隣のカナダや米領ヴァージン諸島、中南米だけに留《とど》まらず、オランダ王国や大韓民国など二一ヶ国にもわたり、まさに多国籍軍の様相を呈しています。中でも、ドミニカ共和国とベネズエラ・ボリバル共和国出身の選手が目立ち、両国の出身者を合わせると外国人選手の約三分の二をも占めています。まさに功成り名を遂げたアメリカン・ドリームの体現者たちです。

それでも、四年に一度開催されるワールド・ベースボール・クラシック（ＷＢＣ）には、オープン戦開幕直前の調整段階、最も体調管理に神経を遣う時期に行われるにもかかわらず、多くのメジャーリーガーが母国の代表チームに自ら志願します。第四回大会に参加したベネズエラ出身のヒューストン・アストロズの強打者ホセ・アルトゥーベ選手が、「ベネズエラでは野球が国技。ＷＢＣでの試合中は学校や職場が一時休みになり、テレビにかじりつく程の野球好き」（スポーツナビ二〇一七年三月八日付）というように、野球熱が尋常ではない同国出身の選手たちにとっては最高のステージです。故郷に錦《にしき》を飾る、ではありませんが、レギュラーシーズンとはまた異なったモチベーションを持って真剣勝負に臨むといいます。

事実、彼ら外国人選手の中には、レギュラーシーズンの試合前に、祖国ではない米国の国旗に忠誠を誓い、国歌に耳を傾けるといった慣習に違和感を抱いている者も少なくないといわれています（我が国のプロ野球でも二〇一四年以降、セ・リーグでは三連戦もしくは二連戦の初戦、パ・リーグでは原則として毎試合、試合前に『君が代』が演奏されます）。

　オリンピックにプロスポーツ選手の参加が認められて以降、バスケット・ボールやサッカー、アイスホッケーといった球技種目では次々とドリーム・チームが編成され、大会に華を添えてきました。アスリートたちにとって、国の代表として戦うことは桁違《けたちが》いのプレッシャーを抱え込むと同時に、プロスポーツでは得られない充実感を得ることにもなるのです。

　二〇一七年に開催された第四回ＷＢＣで米国を優勝に導いたジム・リーランド監督は、「僕たちの目標は、米代表をそうあるべき場所である野球界の頂点に導くことだった。この大会が長く続いていくことはわかっている。その中で母国に初めての優勝をもたらせたのは特別なことだ」と語っています（「日本経済新聞」二〇一七年三月二七日付）。

　このように国の代表選手となることは、国家に対する帰属意識を高めると共に、米国のような多民族国家においては、自らのアイデンティティの確認にも繋《つな》がります。思想信条、信仰、人種などが異なる人々のるつぼ（Melting Pot）と称される米国においては、国旗・

国歌が国民を統合する装置として機能しています。金メダルを獲得した陸上選手が試合後、国旗を身体に巻き付けながらトラックを一周する儀式、国旗＝国家との一体化も、その表れといえるでしょう。

このアスリート個人が国旗を纏《まと》ってウイニング・ランを行うといった行為は、一九八四年に開催されたロサンゼルス大会で、一〇〇メートル走や二〇〇メートル走、走り幅跳び、そして四〇〇メートルリレーでも金メダルを獲得した短距離界のスーパースター、カール・ルイス選手が始めたものでした。

この大会は、ピーター・ユベロス大会組織委員長が様々な改革を打ち出すことにより、それまでは赤字続きであったオリンピックをスポーツイベントとして甦《よみがえ》らせたと同時に、商業オリンピックの原点とも揶揄《やゆ》された、オリンピックの在り方に一石を投じた大会でした。

ルイス選手もそうしたスポーツ・ビジネス変革期の申し子で、自ら「サンタモニカ・トラック・クラブ」と命名した陸上チームを組織し、全米から将来を嘱望された優秀な選手を集め、ファーストクラスで世界中を飛び回りながら、プロスポーツ選手として世界各国の陸上競技大会を転戦していました。

陸上競技大会の最高峰は今も昔もオリンピックですが、国際陸上競技連盟（ＩＡＡＦ　現・ワールドアスレティックス）は一九八三年に第一回世界陸上競技選手権大会をヘルシンキで開催します。それまで様々な陸上競技を観戦できる国際大会は実はオリンピックしかありませんでした。

やがて陸上競技にもプロ化の波が押し寄せたことからＩＡＡＦは一九九七年にはこれを賞金レースとすることで、アスリートたちが競技に専念することで生計を立てられる道筋を作ります。

さらに、一九八五年からはＩＡＡＦグランプリを起《た》ち上げ、スポンサー企業名を冠したシリーズ戦を世界十七都市で開催することで、陸上競技のエンターテインメント化を図り、興行的にも成功を収めていくこととなります。

一九六〇年代に始まったアマチュアリズムの崩壊は、一九七四年のオリンピック憲章における参加規定の変更を経て、八〇年代には様々な軋轢《あつれき》を生みながらもプロ化の道をひた走ります。

一九九一年春に来日したルイス選手にインタビューした際、彼は私に、「米国では陸上連盟が、陸上競技はアマチュア・スポーツだといった幻想を未だに世間に押しつけようとしているが、現実には純粋なアマチュア選手などどこにもいない。ならば、よりプロらしい環境、充実したシステムを整備して行くべきだと考え、行動を起こしたんだ」と、プライベート・チーム設立の意図を語りました。

こうした強気一辺倒の彼の言動の裏には、幼少期から憧《あこが》れ続けてきた往年の名選手ジェシー・オーエンスの生涯が深く刻み込まれていたといいます。

米国人に突きつけた辛辣なメッセージ

褐色の弾丸の異名で知られたオーエンス選手は、ナチス・ドイツがその権勢を誇示したベルリン大会（一九三六年）で、ルイス選手と同じ四種目で金メダルを独占しています。アドルフ・ヒトラーの鼻を明かした彼は、本来であればファシズムと戦った国民的英雄として凱旋《がいせん》しても不思議ではありません。

しかしながら、オーエンス選手はアフリカ系米国人であったがゆえに、帰国後は就職もままならず、遂には馬やオートバイと競走する見世物にまで手を出し、アマチュア資格を剝奪《はくだつ》されてしまいます。

ルイス選手は、「国の代表として戦ったにもかかわらず、人種差別によって名誉を傷つけられるようなことがあってはならない。とはいえこの世界、教養のある人間ばかりではないからね、まずは圧倒的な力を見せつける必要がある。その上で、私はあなた方の一員ですよと、伝えなければ理解されない」と、星条旗を身に纏い、テレビカメラを意識しながらトラックを一周した理由を明かしてくれました。

それは、単なる歓喜のセレモニーではなく、アフリカ系米国人であるルイス選手が、国旗を通じて米国人に突きつけた辛辣《しんらつ》なメッセージだったのです。

国歌が、アスリートのモチベーションを後押しすることもあります。多くのカナダ人にとって、忘れることのできない出来事がありました。

トロント最大のイベントであるカナダ・ナショナル・エキシビション（CNE）は一九五四年に、女性として初めて英仏海峡を泳ぎ切った著名な米国人遠泳選手フローレンス・チャドウィックに対して、オンタリオ湖の横断に成功すれば一万ドルの賞金を出すと持ちかけます。

そんな彼女に挑戦状を叩《たた》きつけたのが、トロント出身で同じく三年前に英仏海峡を横断したウィニー＝ローチ・リューツラー選手でした。

そしてもうひとり、このレースに手を挙げた場違いなカナダ人女性がいました。それはそれまで何の実績もなく、スポンサーも持たない無名の女子高校生マリリン・ベルでした。

九月八日午後十一時七分、三人はニューヨーク州ヤングスタウンから、予想外に水温が低下したオンタリオ湖に揃って飛び込みます。

しかしながら高波に呑《の》まれたチャドウィック選手は、吐き気を催し十九キロ地点で早くも棄権。リューツラー選手も、暗闇を照らすガイド・ボートのライトを見失い、その数時間後にはリタイヤしてしまいます。

五二キロメートルの挑戦は、身長一五五センチ、体重五三キロだったベルの一人旅となりました。

睡魔と低体温、まとわりつくヤツメウナギに苛《さいな》まれ、幾度となく挫《くじ》けそうになりながらも十六歳のベルは、懸命に泳ぎ続けます。

ひと掻《か》き、ひと掻き。そこで驚くことに彼女は、自らを鼓舞するかのように国歌『おお、カナダよ』を口ずさみ始めたのです。

おお　カナダよ！
われらが故郷　われらが祖国！

われらすべてに流れる　真の愛国心
われらは輝ける心で興隆する祖国を見守る
真の北国は　堅固にして自由なり！

そんな純真な少女の姿をラジオは実況放送で逐一報じ、新聞も号外を出したことから、カナダ全土に感動の嵐が巻き起こります。

ベルは翌九日午後八時六分に見事、カナダ側のトロントまで泳ぎ切り、三〇万人にも膨れ上がった観客の大歓声に迎えられました。レース後、彼女は、「私にできるかどうかわからなかった。チャドウィック選手も同じだったと思う。ただ私は、彼女よりもワンストロークでも前に進もうと決めたの。カナダのために」と、健気《けなげ》に答えて見せました。

超大国である隣国米国の鼻っ柱を折った少女の活躍に、カナダ国民が溜飲《りゅういん》を下げたことはいうまでもありません。

「私は自由」と書かれたタトゥー

ただ、少なからぬアスリートたちにとってオリンピックは、平和の祭典とは異なった意味での約束の地ともなってきました。

政治的、宗教的、人種的、または経済的、様々な理由から弾圧され、虐げられている現状、その不正義を告発するために、全世界の耳目が集まるオリンピックや国際競技大会を利用したアスリートたちがいました。

「自由民」という意味の姓を持つキャシー・フリーマン選手は、小学生の頃から驚異的な少女と噂されるほどの脚力を持っていました。

オーストラリア連邦の先住民族のアボリジニである彼女は、その後めきめきと頭角を現します。

二一歳で出場した英連邦競技大会（カナダ・ビクトリア）で、国際大会においては初めて四〇〇メートル走で優勝。自らきれいに折りたたんでバッグに潜ませていたアボリジニの民族旗とオーストラリア連邦の国旗を両手に、ウイニング・ランを行いました。

この民族旗は、アボリジニの肌の色と歴史を表す黒と、大地そして彼らが流した血の色である赤の地色に、太陽を示す黄色い丸が描かれています。アボリジニが奪われた土地と人権の回復を夢見てルリジャ族のハロルド・トーマスが一九七一年にデザインした旗です。

彼女のこの行為に対して怒りを露わにしたオーストラリア連邦の選手団長アーサー・タ

ンスタールが、「もしもまたアボリジニの旗を広げるようなことがあれば、彼女に帰国を命じる」と苦言を呈したことから、議論が沸騰します。

その後、アテネ（一九九七年）、セビリア（一九九九年）で開催された世界陸上競技選手権大会で優勝を果たした（女子四〇〇メートル走）フリーマン選手は二〇〇〇年、遂に母国オーストラリア連邦で開催されたシドニー大会を迎えます。その頃には、彼女の肩には“Cos I'm Free（私は自由）”と書かれた小さなタトゥーが彫られていました。

オーストラリアは、一七七〇年に東海岸に上陸し、英国の領有権を主張した英海軍の士官で海洋探検家でもあったジェームズ・クックによって発見されます。

一七八八年二月七日には、ニューサウスウェールズを英国の直轄植民地とするという一方的な発表が為されますがそれ以前、少なくとも四世紀前にはアボリジニはオーストラリア大陸に居住しており、当時の人口は一〇〇万人ほどだったといわれています。

英政府は、入植以前はテラ・ヌリウス（Terra nullius）、つまりオーストラリアは「誰の物でもない土地」といった概念を持ち出し、その他の植民地と同じくこの地でも虐殺の限りを尽くし、特に入植者たちが持ち込んだ天然痘《てんねんとう》などの伝染病により、アボリジニの人口は一九二〇年の時点で七万人にまで減少していました。

一九九一年、ポール・キーティング首相が「先住民和解のための会議」の設立を提言し、連邦成立一〇〇周年にあたる二〇〇〇年までに完了させることを約します。

また、翌年六月三日になって漸《ようや》く、同国の最高裁判所が「テラ・ヌリウス」の概念は誤りであったことを公式に認め、アボリジニの権利を盛り込んだ法改正を行いました。

つまりシドニー大会は、国内的にはこうした同化政策の象徴として招致された側面もありました。フリーマン選手の人生は図らずも、揺れ動く同国の内政事情と伴走する形となったわけです。

フリーマン選手は、聖火リレーの最終ランナーに選ばれます。オーストラリア人にはある程度、予測された人選でしたが、誰が聖火台に火を運ぶかは最後まで伏せられていたため、彼女は当日も入場行進の列に並ぶなどして報道陣を煙《けむ》に巻いたといいます。

やがて、特注のシルバーホワイトのボディースーツに身を包んだフリーマン選手が、アボリジニに伝わるブーメランの形を模したトーチを手に、オーストラリア連邦を代表する選手たちの代表として姿を現し、シドニー大会の開会を宣しました。

同大会でフリーマン選手は四〇〇メートル走に出場し、見事金メダルを獲得します。そして、母国のトラックで、今度は胸を張ってアボリジニの民族旗とオーストラリア連邦の国旗をしっかと両手に掲げ、ウイニング・ランを行いました。

通常は、政治的意味合いを持つシンボルをトラックに持ち込むことを厳しく制限しているIOCですが、開催国であるオーストラリア連邦の国内事情を慮《おもんぱか》ってか、ファン・アントニオ・サマランチ会長は、「オリンピックは多文化主義を支持する」との声明を発表します。寡黙なフリーマン選手の、「アボリジニの子どもたちに、自信を持ってもらうために、私はできることをやりたい」といった願いは、ふたつの国旗によって成し遂げられたのでした。

野球でホームランを放つと、打者がダイヤモンドを一周し、ホームに生還するまでの間、試合は中断されます。公認野球規則ではこれを安全進塁権と称します。

「ホームランを打った瞬間に、周囲の時間が止まるんですよ」という名言を残したのは、レギュラーシーズン通算本塁打八六八本の世界記録を達成した王貞治《おうさだはる》氏。

現役時代、ミスター・タイガースと呼ばれた掛布《かけふ》雅之《まさゆき》氏も、「ダイヤモンドを1周する間は、自分ひとりだけためにその場があるんですよ。他の9人が何をしているのかなと、チラッと横目で確認したり背中で感じながら回るのは何にも変えがたい快感ですね」と、語っています（「二宮清純コラム　プロ野球ガゼット」二〇一七年六月三〇日付）。

オリンピックで、この至福の停止した時間に相当するのが表彰式です。優勝選手またはチームの国旗が掲揚され、国歌が流されている間は、何人にも侵されることのない神聖な時が流れます。

民主化のアイコン

それだけに、表彰式は様々なドラマが展開される舞台でもあります。

前回の東京大会（一九六四年）で、「大会の名花」と謳《うた》われた選手がいました。チェコスロバキア社会主義共和国（現・チェコ共和国）の代表として出場し、女子体操で個人総合、種目別の平均台と跳馬を制し、三つの金メダルに輝いたベラ・チャスラフスカ選手です。

東京大会における大活躍で国民的ヒロインとなった当時二二歳の彼女は、続くメキシコシティ大会（一九六八年）でも円熟の演技を披露し、計四個の金メダルを獲得します。

種目別のゆかでは、旧・ソ連代表の新星ラリサ・ペトリック選手と同点で優勝を分け合いましたが、表彰台に二人で並んで立ち、旧・ソ連の国歌が流れる間、チャスラフスカ選手は終始、顔を強ばらせ、国旗から目を背けて視線を右下へ落とすことで、無言の抵抗を示しました。

我らの自由なる祖国よ　讃えられん
諸民族との同盟は幾世紀にもわたり
先人より与えられし智恵は民のもの
祖国よ　讃えられん　汝は我らの誇り

この年の一月五日、チェコスロバキアではアレクサンデル・ドゥプチェクが共産党中央委員会第一書記に就任し、国家体制は維持しつつも「人間の顔をした社会主義」を掲げ、西側諸国との経済関係の強化や言論や芸術活動の自由化を打ち出しました。

この時、市民が改革への支持を表明した『二千語宣言』も発表され、数万人の市民と共にチャスラフスカ選手も署名します。

いわゆる「プラハの春」と呼ばれる社会変革運動でしたが、これを社会主義体制からの離反と捉《とら》えた旧・ソ連は軍事介入を決断。八月二〇日夜、ワルシャワ条約機構軍が国境を越えてチェコスロバキアへ侵攻し、瞬く間に全土を掌握します。

チェコスロバキア国民が抱いた民主化の夢は、僅《わず》か八ヶ月足らずで武力によって打ち砕かれてしまいます。

同年十月に行われたメキシコシティ大会の体操競技では、同国代表の女子選手は、旧・ソ連の軍事介入に抗議し、全員が喪服を思わせる黒のレオタードとヘアバンドを纏って出場。国民を勇気づけるため、死力を尽くして闘いました。

『二千語宣言』に署名したチャスラフスカ選手は、ワルシャワ条約機構軍の侵攻を知ると同時に身を隠します。

オリンピックの本番まで残すところ三ヶ月余り。いつ拘束されるかもわからない状況では、通い慣れた練習場は使えない。彼女は奥深い森林に籠《こ》もり、生い茂る木々を段違い平行棒に、地面に描いた十センチ幅の線を平均台に見立てて練習を重ねたといいます。

メキシコから帰国後、チャスラフスカ選手は当局から四〇回にも及ぶ尋問を受け、『二千語宣言』の署名を撤回しさえすれば高給が保証される体操コーチの座を与えると脅されますが、決して首を縦に振ることはありませんでした。

そのため国民的英雄であるにもかかわらず職には就けず、秘密警察に監視される日々が続きます。海外からもコーチやＣＭ出演などのオファーが殺到しましたが彼女は、「海外に亡命することは一度も考えたことはありません。家族、親戚《しんせき》、きょうだいと別れることは嫌だったし、チェコという国とチェコ人を愛していたから。この国で私は生まれ、育つたのです。たとえ時の政府には反対であったとしても」と、毅然《きぜん》たる態度を取ったといいます。

彼女に漸く「春」が訪れたのはソ連崩壊後、一九八九年十一月に起こった流血を伴わない「ビロード革命」により、共産党一党独裁政権が終わりを告げた時のことでした。

金メダリストであるだけではなく、民主化のアイコンともなっていたチャスラフスカ選手は、ヴァーツラフ・ハヴェル大統領に乞《こ》われて大統領顧問となり、その後は同国のオリンピック委員会の会長、九六年にはＩＯＣ委員も務めました。

彼女は二〇一六年、七四歳で波瀾《はらん》に満ちた生涯を閉じましたが、あの表彰台で国旗・国歌に対峙《たいじ》した凜《りん》とした姿を、チェコスロバキアの国民はこれからも決して忘れることはないでしょう。

ＮＦＬのスタジアムが騒然

ＦＩＦＡは二〇〇六年に、“Say No To Racism（人種差別にＮＯと言おう）”といったスローガンを掲げ、本格的に人種差別撤廃に向けて動き出しました。

二〇一九年には新たな懲戒規定を設け、選手やクラブスタッフによる人種差別行為が明らかになった場合には、最低十試合の出場停止処分が科せられることになりました。

また、サポーターによる同様の行為が発覚した際にも、当該国またはクラブに対して初犯であればスタジアムの一部閉鎖及び最低でも二万スイスフラン（約二二〇万円）の罰金が科せられます。

というのも、反人種差別団体『Kick It Out』とライブスコアアプリ『Forza Football』が二〇一八年に、三八ヶ国の二万七〇〇〇人を対象に調査を行ったところ、五四％の人々が「サッカーの試合中に差別を目撃した」、六〇％がこうした行為を許した国の代表やクラブに対しては勝点の減点など厳罰をもって臨むべきだと回答するなど、反差別の気運が高まっていたからに他なりません。

ちなみに差別的な言動が最も多かったのはペルー共和国とコスタリカ共和国の七七％だったといいます。

実際、二〇一九年十一月十四日に開かれたＦＩＦＡワールドカップ アジア二次予選のバーレーン王国対香港戦では、バーレーンのサイド・バケル選手が観衆に対して目をつり上げるジェスチャーを行い出場停止十試合の処分を受けています。

また、同年九月二二日に開催されたイタリアのプロサッカーリーグ、セリエＡのアタランタ対フィオレンティーナ戦で、フィオレンティーナのダウベルト・エンリケ選手が観客から猿の鳴きまねをするモンキーチャントの対象となり試合が三分間中断されるなど、人種差別は近年激しさを増しつつあります。

こうした背景には、シリアを始めとする中東諸国から二〇一五年以降、大量の難民が欧州に流入し、自国民の雇用機会が奪われていることに対する不満が鬱積《うつせき》していることに起因しています。

ネオナチの台頭が顕著なドイツ連邦共和国では、二〇一六年だけで極右による暴力事件は一六〇〇件にも上り（国際反テロセンター調べ）、同国の連邦憲法擁護庁（ＢｆＶ）によれば二〇一八年段階でドイツ国内には二万四一〇〇人の右翼活動家がおり、その内、一万二七〇〇人は暴力的と報告されています。

移民排斥を掲げるこうした国粋主義的風潮も、人種差別に拍車をかけているといえるでしょう。

人種差別的傾向に断固戦う姿勢は、米国でも見られました。米国最大のプロスポーツであるアメリカン・フットボールのナショナル・フットボール・リーグ（ＮＦＬ）で、スタープレーヤーが試合前の国歌演奏時に起立せず、意図的にベンチに座ったままでいたことが大問題を引き起こします。

前述の通り、米国のプロスポーツにおいては、試合前に必ず国歌が演奏または斉唱され、星条旗がフィールドに拡げられるか、オーロラビジョンに大きく映し出されます。選手はもちろんのこと観客も起立し、右手を左胸に当てて、国家に対する忠誠心を示します。

しかしながら、サンフランシスコ49ｅｒｓのクォーターバックで、二〇一二年に同チームが十八年振りのスーパーボール出場を果たした際の立役者であったコリン・キャパニック選手がこれを無視。二〇一六年八月二六日にカリフォルニア州サンタ・クララで行われたプレシーズンマッチで、国歌演奏時の起立を拒否したことでスタジアムは騒然となります。

彼は、その理由を問われ、「アフリカ系米国人や有色人種に対する差別がまかり通る国に敬意は払えない」と言い放ち、「私にとってこの件はフットボールよりも重要であり、見て見ぬふりをするのは身勝手なことだ」と、自らの考えを主張しました（ESPN.COM NEWS SERVICES二〇一六年八月二七日付）。

キャパニック選手は、同年七月五日未明にルイジアナ州バトンルージュで、アフリカ系米国人のアルトン・スターリング氏が警官に取り押さえられ、至近距離から射殺されるといった事件に怒りを覚えたといいます。

海外掲示板redditの調べによると、米国の警察官によって殺害された者は一一四六名（二〇一五年）にも上り、先進国の中では断トツの一位となっています。

「だれかに認めてもらおうという気持ちはない。虐げられている人々のために立ち上がらなければならないという思いだ。たとえアメフトを取り上げられても、選手資格を奪われても、私は正しいことのために立ち上がっただろう」（米スポーツ用品大手のナイキは二〇一八年九月に、キャパニック選手を広告キャンペーンに起用しましたが、そのキャッチコピーは「何かを信じろ。たとえそれがすべてを犠牲にすることになろうとも」“Believe in something. Even if it means sacrificing everything.”でした）。

二〇一五年にＡＰ通信と調査会社ＮＯＲＣが実施した調査によると、警察官による暴力を深刻な問題と捉えている白人系米国人は五分の一に留まったにもかかわらず、アフリカ系米国人では四分の三がそのように考えていると答えています。

街角でアフリカ系米国人を見咎めると、警察官が無意識に犯罪と結びつけてしまうところに、米国における人種差別の根深さがあります。

キャパニック選手が引き起こした騒動を受けてＮＦＬは二〇一八年五月二三日、選手たちに試合前の国歌演奏時に起立することを義務づけ、違反すれば罰金を科す新たなルールを秋に始まるシーズンから適用すると発表しました。

起立を望まない選手は、国歌斉唱が終わるまでロッカールームに留まることを認め、反発が予想される選手たちにも一定の配慮を見せつつロジャー・グッデル コミッショナーは、「不幸にも、グラウンドでの抗議運動により、多くの選手たちに愛国心がないといった間違った認識を与えてしまったが、それは事実ではありません」（UPI二〇一七年九月二四日付）と、火消しに躍起となりましたが、キャパニック選手の言動はスポーツの枠を超え、一気に社会問題化していきます。

性差別でも米国では批判の声が上がりました。米女子サッカー代表チームのＦＷクリステン・プレス選手がインスタグラムに公開した画像が物議を醸します。一見、何の変哲もない試合前の集合写真でしたがよく見ると、選手全員がユニフォームを表裏に着て、米サッカー連盟のエンブレムを隠す格好となっていました。

二〇二〇年三月十一日に開催された国際親善試合シービリーブス・カップの対日本代表戦のことでしたが、プレス選手は、「母国を代表してサッカーをプレーすることは、私の人生にとって大変光栄なことです。しかしながら昨日、米サッカー連盟のコメントは到底受け入れ難いことから、すべての女性たちを代表してチームとして立ち上がりました。私たちは差別的な扱いと論法には賛同することができません。すべての女性は、男性と等しい報酬を受ける価値があり、どこであろうと女性を蔑《さげす》む組織は今、変わらなければならないのです」（インスタグラムより、翻訳著者）と、男女の賃金格差を痛烈に指弾しました。

前年、女子代表選手たちは同・連盟を相手取り、賃金格差の解消を求めて裁判を起こしていましたが、これは同・連盟が「男子選手の方が女性よりも米サッカー界における責任が重い」と主張したことに対する抗議行動でした。この勇気ある投稿に対する世論の反響は凄《すさ》まじく、翌日には同・連盟のカルロス・コルデイロ会長が正式に謝罪し、辞任に追い込まれることとなりました。

拳を突き上げ “Right-on”

米国では、今世紀に入り自国の利益を最優先する内向き志向が顕著となっています。「再びアメリカを偉大にしてみせる！」“Make America Great Again!” といったスローガンを掲げて選挙戦を勝ち抜いたドナルド・トランプ米大統領が、こうした排他的な世論の火付け役であったといっても良いでしょう。

トランプ大統領は就任直後の二〇一七年一月二七日に、『外国テロリストの入国からの合衆国の保護』と題された大統領令に署名します。

シリア難民を有害と見なして受け入れを無期限停止とし、テロの懸念がある国として七ヶ国のイスラム教国からのビザ発給を九〇日間停止するといった、移民で成り立つ同国の、建国以来の根本理念を脅かす政策を次々と打ち出していきました。

そうしたトランプ米大統領が同年九月二三日にツイッターで、「ＮＦＬで何億もの金を稼ぐ恩恵に浴しているプレーヤーは、我々の国歌を讃《たた》えるべきであり、偉大なる星条旗（あるいは国家）を侮辱することは決して許されない。もしも、それに同意できないのであれば、おまえはクビだ。他にそれができる者を探せばいいだけの話だ」と、キャパニック選手の行為を批判したことが火に油を注ぎました。

翌日、マサチューセッツ州フォックスボロで行われたニューイングランド・ペイトリオッツ対ヒューストン・テキサンズ戦を始め、全米各地で行われたＮＦＬの試合では早くも、複数の選手が片膝《かたひざ》をついて起立を拒み、選手同士で肩を組むなどして抗議行動に出ました。

こうした意思表示は選手だけに留まらず、デトロイトのアトランタ・ファルコンズ対デトロイト・ライオンズ戦の国歌演奏時には、両チームのオーナーも選手たちと共に肩を組み、国歌斉唱を拒否。国歌を独唱した歌手リコ・ラベルもその場に片膝をつき、観客に向かって拳《こぶし》を突き上げて見せました。

また、他のプロスポーツにも波及し、ＭＬＢではオークランド・アスレチックスのブルース・マックスウェル選手が同じく国歌斉唱時に膝をつき（二三日）、前年チャンピオンシップを取ったプロバスケットリーグ（ＮＢＡ）のゴールデンステイト・ウォリアーズの選手たちは、ホワイトハウスからの招待を断り、訪問を辞退するなど大きな波紋を呼びました。

人種や思想、宗教の違いは、共に力を合わせて戦うチームメイトにとって、少なくともフィールド上においては何ら意味を為さないことを、彼らは国旗の前で身を以《もっ》て証明して見せたのです。

この固く握った拳を突き上げる、といった行為には伏線がありました。

米国では一八六三年の奴隷解放宣言、六五年の憲法修正第十三条により、奴隷制度の廃止が法的には確定しましたが、差別は一向に収まることはなく、一九五〇年代に入るとアフリカ系米国人の人権、選挙権の保障、教育機会を求める公民権運動が激しさを増しました。

一九六四年にノーベル平和賞を受賞したマーティン・ルーサー・キング牧師らの努力の甲斐《かい》あって、やがて一九六四年七月には公民権法（The Civil Rights Act）が制定されますが、南部諸州ではアフリカ系米国人に対する差別が根強く残り、北部では経済格差が広まっていました。

こうした中、キング牧師の非暴力主義とは一線を画し、警察暴力からの自衛と市民が武器を所持することを認める憲法修正第二条を楯に自らも武装する権利があると主張したブラック・パンサー党が都市部を中心に若年層の支持を集めました。彼らはメンバーを“Brother（兄弟）”と呼び、拳を掲げ、“Right-on（異議なし）”を合言葉としていました。

メキシコシティ大会（一九六八年）、男子二〇〇メートル走の表彰式で事件は起きました。十九秒八三の世界記録で優勝したトミー・スミス選手と三位に入ったジョン・カーロス選手、共にアフリカ系米国人のアスリートが表彰台に向かう姿が周囲を驚かせます。

二人は貧困に喘《あえ》ぐアフリカ系米国人を象徴すべくシューズを脱ぎ捨て黒いストッキングで歩を進め、スミス選手は首にプライドを表す黒いスカーフを巻いていました。

やがて星条旗が掲揚され、国歌が演奏されると彼らは視線を下げ、頭を垂れると静かに、しかしながら力強く黒い手袋をつけた握り拳を突き上げました。後に「ブラックパワー・

サリュート」、アフリカ系米国人のパワーを示威する敬礼と称されたポーズです。

これを見た観客席からはブーイングが巻き起こり、オリンピックにおける政治的パフォーマンスを禁じるIOCのブランデージ会長は、彼らの行為がオリンピック憲章に抵触すると断じ、米オリンピック委員会も彼らを代表チームから即日除名し、選手村からの退去を命じます。

スミス選手とカーロス選手は二〇一九年十一月一日、コロラドスプリングズで開催された殿堂式典において「レジェンド」として殿堂入りし、漸く名誉を回復することができましたが、国旗・国歌ではなく、個人の尊厳に対して敬礼した彼らの行為が許容されるまでには、半世紀余りの歳月を要しました。

国の原風景を語る歌詞

こうした星条旗を巡るエピソードを通して思い起こされるのが、我々日本人が日の丸、『君が代』に抱く感情と、米国を始めとする数多くの国民が、国旗・国歌に対して共有している意識との相違です。

前述の通り、日の丸、『君が代』は共に、原型が古いことから、その来歴が明らかでは

【メキシコシティ五輪の表彰式】
米国の黒人差別に抗議し、国旗掲揚に合わせて黒い手袋を付けた拳を突き上げる、金メダルのトミー・スミス選手と銅メダルのジョン・カーロス選手。1968年10月16日（写真提供：UPI＝共同）

ありません。明治維新を迎え、対外的なニーズに迫られ、伝統的なデザインと古歌を新たな国家のシンボルとして、ある意味において形式的、便宜的に流用した、といった歴史的経緯があります。つまり日の丸、『君が代』は、国旗・国歌を念頭に置いて、一から国民によって作られたものではなかった。

そのため日の丸、『君が代』を、我々日本人が固有のアイデンティティであると論理的に紐付《ひもづ》けし、感情移入することは容易ではありません。往々にして古代史にありがちな堂々巡りの議論に終始する傾向が見受けられます。

戦前・戦中を通じて政府そして軍部はことさらこれらシンボルの神性を強調し、国民を洗脳せざるを得なかった。また、戦後になり過剰とも思える国旗・国歌に対するアレルギー反応が国民を覆ったのも、日の丸、『君が代』が纏うこうした曖昧《あいまい》さに起因しているように思われます。

一方、『星条旗』の歌詞を繙《ひもと》いてみます。

おお　夜明けのほのかな光の中でも
はためいていると伝えてくれ

黄昏の最後の輝きを浴びて
誇り高く掲げられた我らの旗
危険きわまりない戦闘の最中にも
我らが死守する砦の上に　星条旗は
雄々しくひるがえっていただろうか？

このように、極めて具体的に宗主国であった英国と交えた独立戦争の真っ只中で展開された激戦の一場面が描写されています。

つまり独立を勝ち取った過程を綴《つづ》った多くの戦いの歌では、いつ、誰が、どのように国家の建設に貢献したか、といった国の原点、または原風景が明確に語られています。

また、ポルトガル共和国の国歌『ポルトガルの歌』は、自らが帰属する国家との契約を明確に謳っています。

おお祖国よ　追憶の霧の彼方から聞こえる
栄えある先達たちの声に耳を傾けよ

汝を勝利に導く声に
武器を取れ！　武器を取れ！
大地に大海に！
祖国のために戦わん！
大砲に向かって進め　進め！

彼らには国旗・国歌が象徴する独立、そして自由を自らの手で勝ち取ったという誇りと自信があり、その証《あかし》が国旗であり国歌であるわけです。

国旗・国歌は、そうした国の理念と理想を映し出す「鏡」であり、国民は国旗を見詰め、国歌を歌うことによって自らのアイデンティティを再確認します。

そのため、国旗・国歌を取り巻く政治的、社会的環境が時代と共にいかに変わろうが、これらシンボルに向けられる崇敬そして愛慕の念にブレはなく、愛国心の発露として機能しています。

多くの国々では米国同様、国旗・国歌を敬うことは当然のこととされ、これらを毀損《きそん》または侮辱した場合は厳罰に処されるケースが少なくありません。

タイ王国では、午前八時と午後六時には地上派テレビ各局で、国歌とワチラロンコン国王（ラーマ十世）の映像が流されます。駅構内やショッピングモールといった公共の場にいる人々も、この時間には必ずその場に立ち止まり、国歌を聴く習慣となっています。

これはインドでも同じで、二〇一六年十一月三〇日には最高裁がインド国内のすべての映画館で、映画が上映される前に国歌『インドの朝』の演奏と映像を流すことを義務づける判決を言い渡しています。

罰則がある国も少なくありません。中華人民共和国のプロバスケットリーグ（ＣＢＡ）の南京《ナンキン》モンキーキングスに所属するフランス出身のグエルション・ヤブセレ選手は、国歌斉唱時に俯《うつむ》いていたため、国歌に敬意を表していないととられ、罰金一万元（約一五万円）を科せられています。

また、フィリピンでも国旗掲揚、国歌斉唱の際には敬意を表すように法律で定められています。すべての公立・私立学校の生徒は国歌を覚えることが義務づけられ、演奏する場合は四分の二拍子、歌唱は四分の四拍子で一分間に一〇〇～一二〇拍のテンポで演奏する、といったように細かく規定されています。

さらに映画館では上映前に国歌が流され、国旗がスクリーンに映し出されますが、観客は敬意を示さなければならず、二〇一八年には三四名が逮捕され、五〇〇〇～二万ペソ（約一万一〇〇〇～四万四〇〇〇円）の罰金か一年未満の投獄を科せられたといいます。

「日章旗抹消事件」の顚末

こうした日の丸、『君が代』の拠《よ》って立つ脆弱《ぜいじゃく》な基盤を露わにした事件が、ナショナリズムが高揚したベルリン大会（一九三六年）で起こります。

この大会で男子マラソン競技としては初めての金メダルに輝き、表彰台で日の丸が掲揚され、『君が代』が演奏された選手がいます。孫基禎《ソンギジョン》。

しかしながら栄えある表彰台に立った彼は、手にした月桂樹《げっけいじゅ》の植木鉢で胸に縫い付けられた日の丸を隠し、俯きます。

孫選手は自伝『ああ月桂冠に涙』の中で、「私はそれまで、私の表彰式に日章旗が掲揚されるとは思ってもいなかった。オリンピックに出場するまで、優勝者の栄光をたたえて国旗を掲揚し、国歌が演奏されるという儀式を知らなかった」と綴っています。

彼は一九一二年、現在の北朝鮮北部の新義州《しんぎしゅう》で生まれ、十九歳で日本統治時代の京城《けいじょう》（現・ソウル特別市）にあった私立養正高等普通学校（現・養正高等学校）に入学し、全国でも指折りのマラソンランナーとして頭角を現します。

一九一〇年の韓国併合に伴い朝鮮半島は我が国の植民地となっていたため、孫選手は朝鮮人としてではなく、日本人として国際競技会に出場せざるを得ませんでした。

とにもかくにも走ることが三度の飯よりも好きだった彼は無心に、「３８２」のゼッケンを胸にベルリンの街を疾走し、当時の世界新記録二時間二九分十九秒でゴールテープを切ります。

表彰式を終え、屈辱のどん底にあった孫選手は優勝祝賀会を欠席し、伊《い》藤博文《とうひろぶみ》を暗殺した安重根《アンジュングン》の従兄弟でベルリンに在住していた安鳳根《アンボングン》の住まいを訪ね、そこで生まれて初めて祖国の国旗『太極旗』を見たといいます。

「これが太極旗なのだ。わが祖国の国旗なのだ。そう思うと感電でもしたように、熱いものが身体を流れていった」

レース後、サインを求められた孫選手は、朝鮮半島の略図に「ＫＯＲＥＡ」の文字を添え、ハングル文字で名前を入れたといいます。

真の事件はレース後に始まります。試合から十六日経った八月二五日付の『東亜日報』が、胸に縫い付けられた日の丸を消した表彰式の写真を掲載します（二版では検閲を逃れるために日章を残し、二版で抹消）。

これに激怒したのが朝鮮半島の警備にあたっていた旧・陸軍第20師団司令部です。すぐさま朝鮮総督府と警察に玄鎮健《ヒョンジンゴン》社会部長ら関係者の逮捕を命じ、逮捕された五名は四〇日間にも及ぶ拷問を受け、同紙は十ヶ月の発行停止処分を受けました。俗にいう「日章旗抹消事件」の顛末《てんまつ》です。

その後、孫選手は「要注意人物」として特高警察にマークされ、東京高等師範学校（現・筑波大学）や早稲田大学には受験を拒否され、明治大学専門部法科（現・明治大学法学部）に入学したものの、当局は入学に際し、「再び陸上をやらないこと。人の集まりに顔を出さないこと。できる限り静かにしていること」といった条件を出し、電車にも満足に乗れなかったといいます。

息子の孫正寅《ジョンイン》氏が語ったところによれば、孫選手が臨終の際に残した言葉が、明治大学の選手として、「箱根駅伝を走りたかった」だったそうです。

戦後は大韓民国で陸上コーチとなり、ロンドン大会（一九四八年）、ヘルシンキ大会（一九五二年）では、韓国選手団の総監督も務め、ソウル大会（一九八八年）には最終聖火ランナーも務めました。

二〇一六年十二月十二日。ドイツ駐在の韓国文化院は、マラソンのゴールテープを切る孫選手の姿が彫られた銅像を、ベルリン大会のマラソンコース近くにあるグロッケントゥルム通りに設置、除幕式を行いましたが、その胸には日章旗ではなく、太極旗が彫られていました。

政治亡命を試みるアスリート

オリンピックや国際競技会に出場するアスリートたちの中には、政治的理由により出国を制限、または禁止されている者もいます。

独裁国家は、海外でも通用する優れたアスリートを育成し、彼らの活躍を通じて国際社会に国家の優位性を知らしめ、国民の国家に対する忠誠心を高めるパペット、操り人形としてアスリートを利用します。

それだけに、彼らの自由な発言、行動を怖れる国家は、代表選考に際し、身体能力や競技技術のみならず、思想チェックも行います。その際には、国旗・国歌がひとつの踏み絵として機能するのも確かです。

こうした難関を突破し、代表選手に選出されたことでアスリートたちは念願のパスポートを手に入れ、旅立ちます。そして、彼らの幾人かは悩み抜いた末、憧れの表彰台に立つ、いや試合に臨むことさえなく祖国を後にします。

亡命。オリンピックで最初に祖国を捨てる決意をしたのは、チェコスロバキア共和国の女子体操チームのコーチであり国際体操連盟（ＩＧＦ）の会長でもあったマリー・プロヴァズニコバでした。

ロンドン大会期間中の一九四八年八月十八日、彼女は愛《まな》弟子たちが金メダルに輝くのを見届けると、政治亡命を表明します。

きっかけは、彼女も指導者として関わっていた民族主義に基づく「ソコル」と称される体育運動でした。同年、このマスゲームを主体とする祭典（Slet）は首都プラハで、九万八〇〇〇人の学童と二七万三〇〇〇人もの会員を集めて盛大に行われました。

しかしながら、「二月革命」によって政権を奪取した共産党政権によって祭典が廃止に追い込まれたことから、身の危険を感じた彼女は国を出る決断をしました。

前述のチャスラフスカ選手とは異なり、彼女は故郷に留まらず、逃避することを選択したのです。

オーストラリア連邦で開かれたメルボルン大会（一九五六年）には、八三名のハンガリー人民共和国（現・ハンガリー）の代表選手たちが参加しました。

彼らが首都ブダペストを旅立った数日後にはハンガリー動乱が起こり、旧・ソ連軍の発砲により国会前広場では一〇〇名を超える死者を出す惨事が起こります。

大会が終わる頃には民衆蜂起《ほうき》はソ連軍によって制圧されたため、三八名だけが帰国し、その他の選手・スタッフは米国に亡命しています。

ドイツ民主共和国（旧・東ドイツ）代表のリュージュ選手ユート・ゲラーは、一九六四年にオーストリア共和国で開かれた冬季オリンピック、インスブルック大会で二月十日の夜、試合前の歓迎レセプション会場から抜け出し、国境を越えてドイツ連邦共和国（旧・西ドイツ）へ逃れます。

このように特に冷戦期には社会主義政権下の国々から自由主義国へ政治亡命を試みるアスリートが後を絶ちませんでした。

今世紀に入ってからも、例えば、リオデジャネイロ大会（二〇一六年）の男子マラソン競技で、銀メダルを獲得したエチオピア連邦民主共和国代表のフェイサ・リレサ選手は、民族弾圧に抗議し、頭の上で両手を交差するポーズでゴールテープを切りました。

彼が属するオロモ族は同国の人口の約三分の一を占めているにもかかわらず虐げられて

おり、治安部隊の武力によって二〇一五年以来四〇〇人以上が殺害され、数万人が逮捕されているといいます。リレサ選手は、これでもう帰国できなくなったと政治亡命を決意しました。

また、同大会でイラン・イスラム共和国の女子選手としては初めてメダルを獲得したキミア・アリザデ選手（テコンドー女子五七キロ級、銅メダル）はインスタグラムに、「私は英雄ではなく、抑圧された女性のひとりだ」と、書き込み、女性の人権、社会活動を制限する政府批判を展開しました。

アリザデ選手は、『コーラン』が説く「慎みぶかく目を下げて、陰部は大事に守っておき、外部に出ている部分はしかたがないが、そのほかの美しいところは人に見せぬよう」（井筒俊彦訳『コーラン』第二四章三一節より）といった教えに従い、イスラム教徒の女性が頭髪を隠すために用いるヘジャブを着用し、試合に臨みましたが、男性優位の社会体制から逃れるべく亡命を決意しました。

「この決断は金メダルよりも難しかった」と綴った彼女は、「名誉あるイランの皆さん、さようなら。どこにいても、私はイランの子どもです」と、結んでいます（「朝日新聞」二〇二〇年一月十三日付）。

【リオデジャネイロ五輪の「抗議のポーズ」】
男子マラソンで、両手を交差させながらゴールしたフェイサ・リレサ選手。
2016年8月21日（写真提供：ゲッティ＝共同）

いずれも過酷な国内事情から逃れるための苦渋の決断でした。国旗を掲揚し、国歌を斉唱する表彰台。オリンピックや国際競技会に出場するアスリートたちは、純粋にそこに立つこと、世界の頂点に立つことを夢見て厳しいトレーニングに耐えます。

すべてを犠牲にしてゴールを目指す。そして晴れて表彰台に立てば、アトランタ大会（一九九六年）で銅メダルを獲得した有森《ありもり》裕子《ゆうこ》選手が涙ながらに語ったように、「初めて自分で自分を褒めたい」といった達成感に満たされるでしょう。

四年間にわたりサポートをしてくれた関係者、応援し続けたファン＝国民への感謝の想いを込めて満面の笑みを湛《たた》えるものです。

しかしながらその約六〇センチ四方のスペースには、侵略者や国家に対する抗議の気持ちを持って立つ者、国家のシンボルである国旗・国家に意志を表明する者、またはその場から姿を消す者……、様々な想いが交錯していることを忘れるわけにはいきません。

第五章　特別儀仗とスポーツイベント

武士道精神に相通じる親善

オリンピックを始め大規模なスポーツ競技会における演奏は、各国共に軍楽隊が行うことが通例となっており、我が国では自衛隊の音楽隊、中でも陸上自衛隊中央音楽隊が中心となって執り行われてきました。音楽隊の主な任務は、防衛省・自衛隊の広報活動や隊員の士気高揚、そして儀式や式典での演奏です。

陸上自衛隊中央音楽隊にのみ任された重要な任務として「特別儀仗《ぎじょう》」と称される海外から来日する国賓や公賓を歓迎する儀式、栄誉礼における演奏が挙げられます。両国国歌の吹奏に続き一九八六年からは黛敏郎が作曲した『栄誉礼冠譜』及び『祖国』が演奏されています。

一九七四年まで特別儀仗は、要人が到着する空港と防衛庁においてのみ行われていましたが、それ以降は皇居宮殿東庭や迎賓館赤坂《あかさか》離宮前庭、または防衛省に場所は移されました。また、昨今は国会終了後、内閣総理大臣官邸で催される機会も増えているといいます。

一九五七年より特別儀仗には、中央音楽隊と共に陸上自衛隊の東部方面警務隊直轄の三個小隊約一〇〇名からなる第三〇二保安警務中隊が加わっています。文武両道のみならず容姿端麗といった条件で選び抜かれたエリート隊員たちは、基本教練で鍛えた通り一糸乱

令和元年の即位の礼〈祝賀御列の儀〉（写真提供：陸上自衛隊中央音楽隊）

れぬ動きで整列し、受礼者の巡閲を受けます。その間、瞬きひとつ許されません。一個小隊は横に九名ずつ三列に並び、つま先の角度は六〇度。整列休めの際には足を二五センチに開き、ミリ単位で姿勢、全員の動きを合わせます。国際親善の最前線に立つ同隊は、これまで通算で三〇〇〇回近くの特別儀仗をこなしてきたといいます。

特別儀仗に際し、国旗の捧持《ほうじ》、掲揚降納を行うのが第三〇二保安警務中隊の任務で、その手順は『自衛隊の旗に関する訓令』（防衛庁訓令第三号）によって事細かに定められています。

例えば、「旗の取扱いは、旗手及び旗衛隊員（以下「旗手等」という。）が行なう。2 旗手は、旗を捧持し、又は保持し、旗衛隊員は、旗手の両側等にあつて旗を警衛する。3　旗手等が武装する場合には、旗手はけん銃を、旗衛隊員は、小銃又は騎銃を携行する」（第十八条）となっています。

このように民間の吹奏楽団ではなく自衛隊の音楽隊（日本以外では軍楽隊）が国歌を演奏し、儀仗隊が国旗を捧《ささ》げ持つといった習慣には世界共通の認識があります。まずもって、国家元首が来日している間は受け入れ国が責任を持って身の安全を保証する。また、滞在中は決して相手国に対して攻撃は仕掛けない、といった暗黙の了解を表しています。

儀仗隊が受礼者に対して、豊和工業製のボルトアクション方式の89式小銃で「着剣捧げ銃」の敬礼を行う慣習にも、「我々に攻撃意図はない」といった意味合いが込められているのです。

こうしたしきたりの起源は握手と同様です。握手は、右手で行うことが世界共通のマナーとなっていますが、これは利き手である右手を相手に差し出すことで武器を所持していないことを明らかにし、友好の意志を表明するために編み出されたジェスチャーです（心臓に近い左手は防御を表します）。

我が国においても武家儀礼には、相手に対して敵意がないことを示す様々な所作が定められていました。通常、刀は左手で鞘《さや》を持ち、右手で抜刀します。そのため対面する際には刀を右側に、自分の側に刃を向けるように置いていました。

江戸時代初期に広まった正座（屈膝《くつしつ》座法）も同じくです。正座は、茶道から発展した座法ですが、周知の通り茶室へは帯刀して入ることはできません。また、居合は立膝《たてひざ》で行いますが、正座から起《た》ち上がり抜刀するためには二挙動を要するため、最も攻撃態勢に入りにくい姿勢とされます。

世俗から隔絶された茶席における作法であった屈膝座法は、やがて武士にも採り入れられ、三代将軍徳川家光《いえみつ》の時代にはすでに大名は正座して拝謁の儀に臨み、恭順の意を表しています。特別儀仗は、まさに武士道精神とも相通じる親善を象徴するセレモニーといえるでしょう。

着剣捧げ銃の「敬礼」についても、小銃を右手で体の中央前に上げ、同時に左手で銃の引金室前部を握り、前腕を水平にして体につけ、小銃を体から約十センチ離して垂直に保ち、次に右手で銃把を握って行う（つまり引金には指をかけない）、といったように事細かに手順が定められており、その作法の端々に歓迎すると同時に警護する、といった決意のほどが表れています。

自衛隊には、陸上自衛隊中央音楽隊、海上自衛隊東京音楽隊、航空自衛隊航空中央音楽隊を中心に、陸上自衛隊には五つの方面音楽隊があり、それぞれに各師団長、旅団長直轄の音楽隊が十五あります。よって陸上自衛隊には計二一、海上自衛隊には六、航空自衛隊には五隊の音楽隊が展開しています。

陸上自衛隊中央音楽隊を率いる樋《ひ》口《ぐち》孝博《たかひろ》隊長（1等陸佐）によれば、「階級構成、隊員数からいって自衛隊の音楽隊の中では我々が長男格になります（海・空自の隊長は2佐）。陸自には全体で約九〇〇名の音楽隊員が所属しており、内、三分の一が女性隊員です。殆どの隊員は音楽大学出身で、毎年四〇名ほどの新隊員が入隊して来ます」といいます。

「通常は、朝八時半から夕方五時十五分までが勤務時間で、十時から三時までが合奏。その他の時間は個々の練習や事務作業、訓練に充てられます。多い時には週に二〜三回、特別儀仗が入るため、演奏機会は年に約一七〇回。同じ日に二回、または二ヶ所で演奏するといったケースも少なくないため、民間の楽団に比べれば遥《はる》かに本番の回数は多いといえるでしょう」

初代隊長・須摩洋朔

防衛大臣直轄の陸上自衛隊中央音楽隊は一九五一年に、陸上自衛隊の前身である警察予備隊の音楽隊であった警察予備隊総隊総監部仮分遣隊として発足しています。

一九五〇年八月十日に公布された『警察予備隊令』により人員が募集され、最初の隊舎は一八七〇年の天覧練兵で薩摩藩の軍楽伝習生が明治天皇の御前で『君が代』を演奏した越中島に置かれていました。

初代隊長に任命された須摩《すま》洋朔《ようさく》は、一九二五年に旧・陸軍の軍学校（実施学校）であった陸軍戸山《とやま》学校の軍楽隊に入隊し首席で卒業。戦時中はトロンボーン奏者として従軍しています。終戦間際には南方軍や第二方面軍軍楽隊の隊長を歴任し、インドネシアのセレベス島（現・スラウェシ島）やフィリピンに赴いた彼は、一九四五年三月九日に仏領インドシナ（現在のベトナム社会主義共和国、ラオス人民民主共和国、カンボジア王国）において日本軍が行った明号作戦により壊滅状態に陥ったフランス軍の拠点サイゴン（現・ホーチミン市）へ入り、フランス軍の武装解除にも従事しています。

同国の軍楽隊ミュジーク・ドゥ・ラ・ギャルド・レピュブリケーヌ（通称ギャルド・レピュブリケーヌ）は世界最高峰の誉れが高く、旧・陸軍軍楽隊も明治以降、彼らをお手本としていました。

というのも一八八四年に大山巌中将が外遊した際に、初めて招聘《しょうへい》したのが仏砲兵科軍楽隊のシャルル・ルルーであり、我が国の軍楽隊は彼から吹奏楽器の演奏法や和声学、作曲、指揮法の基礎を学んだといった経緯がありました。

ルルーは我が国初期の軍歌『抜刀隊』（作詞 外《と》山《やま》正一《まさかず》）を作曲していますが、一般的には『陸軍分列行進曲』として知られるこの曲は、現在でも陸上自衛隊や警視庁が観閲式などで演奏しています。つまりギャルド・レピュブリケーヌは、旧・陸軍軍楽隊にとっては師ともいえる存在だったわけです。

それだけに、図らずも南方戦線でフランス軍楽隊の接収に携わった須摩の感慨はひとしおだったに違いありません。戦後、彼は周囲に、「サイゴンでは彼らに演奏を褒められた」と、得意げに語っていたといいます。

終戦を迎え、連合国によってC級戦犯、つまり国際軍事裁判所条例及び極東国際軍事裁判条例における「人道に対する犯罪」に問われ、職にあぶれていた須摩に声を掛けてきたのは日本交響楽団（現・NHK交響楽団）でした。

当時の日本交響楽団（日響）は、月に二回の定期公演に加えて、米軍向けの演奏会が一

警察予備隊仮分遣隊（写真提供：陸上自衛隊中央音楽隊）

回、一九四六年二月からは毎週日曜日に開かれていたGHQ（連合国軍最高司令官総司令部）将校のための演奏会、さらには一週間に三回の放送演奏や東京を始め日本全国に駐留していた占領軍の慰問演奏旅行も加わり、猫の手も借りたいほどの忙しさでした。

戦後、戦時中は敵性音楽として演奏が禁じられていた洋楽に対する需要が急速に高まったにもかかわらず、多くの音楽隊員が戦地へと赴き、復員も未《いま》だままならなかった時期、日響は欠員を補充すべく、特に旧・陸海軍の音楽隊員に積極的にスカウトをかけたといいます。元・軍楽隊の隊長であった須摩には、すぐさま白羽の矢が立ちました。

占領軍関連の仕事は特別調達庁（旧・防衛

施設庁）の管理下にあり、給料も同庁から支払われていました。戦時中も演奏活動を続けていた日響の音楽隊員たちは、最上級の演奏家にランクされていたため実入りも良く、須摩は日響に乞《こ》われて暫《しばら》くトロンボーン奏者として在籍していました。

しかしながら、軍楽隊と民間の交響楽団とでは演奏曲目のみならず慣習も異なります。忸怩《じくじ》たる思いをしていたであろう彼に、朗報が飛び込んできました。

当初、警察予備隊には、戦争に加担した旧軍将校は採用しないといった不文律がありました。一九四六年十一月三日に公布された日本国憲法の第九条2が宣する「陸海空軍その他の戦力は、これを保持しない」に則《のっと》った決め事です。ところが発足間もなくして朝鮮戦争の戦況が悪化し、ダグラス・マッカーサー連合国軍最高司令官は一転して警察予備隊の重武装化を指示。指揮系統を充実すべく旧軍将校の追放解除も講じられました。

一九五一年六月一日には、終戦間際の一九四五年六月に陸軍士官学校を卒業したばかりの五八期生、旧軍の軍紀に染まっていない二四五名が第一期幹部候補生として入隊を許されます。

特殊技能の持ち主として認められたのでしょう。須摩も早々と1等警察士（後の1等陸尉）として総隊総監部仮分遣隊に採用され、楽長に任命されます（四月十二日）。彼は、自ら試験問題を作成し、応募者五九九名の中から精鋭を選び抜きました。須摩によれば、「音楽隊は私の好きな四七名の編成で誕生した。義士討ち入りの感慨で一丸となり精励した」（六月二日）とのことです。赤穂《あこう》浪士とは穏やかではありませんが、古巣に舞い戻り生気が甦《よみがえ》った様子がありありと窺《うかが》えます（『中央音楽隊創隊60周年記念誌』）。

サンフランシスコ講和条約の発効を経て、我が国は晴れて独立国となります。とはいえ、占領軍を率いた米国の意向を気に掛ける警察予備隊の林敬三《はやしけいぞう》総監から須摩は、「旧軍の楽曲は一切使用せず、らっぱ譜から隊歌に至るまで全部、新曲にして欲しい」と命じられ、現在でも公式な行進曲として観閲式などで演奏される『大空』や『祝典ギャロップ』、陸上自衛隊の制式譜として栄誉礼に用いられる『巡閲の譜』を、夜を徹して書き上げました。興味深いことに元・旧軍の将校であった彼は、公職追放令が解除されるまでの間、表向きは「講師」といった肩書きを用いて、隊長であるにもかかわらず私服を着用して指揮棒を振っていたといいます。

初仕事は隊歌『治安の護り』（作詞 井戸《いど》徳男《とくお》／作曲 堀内敬三《ほりうちけいぞう》、服部逸郎《はっとりいつろう》）や『はばたく鳩』（作詞 山川茂男《やまかわしげお》／作曲 須摩洋朔）、『若鳩の歌』（作詞 前田《まえだ》刻英《ときひで》／作曲 明本京静《あけもときょうせい》）などのレコーディングでした（七月二八日、前掲書）。『若鳩の歌』は、このように始まります。

朝雲わけて　昇る陽に
平和の山河　今晴れて
見よ若鳩の　旗じるし
我らは高く　ひるがえす
おおひるがえす　自衛隊の
光栄ある行手　いざ仰げ

旧軍から生まれ変わり、新たな防人となったことを敢《あ》えて強調する内容となっています。この時期、制作された校歌や社歌、団体歌には「平和」の二文字が頻繁に登場しています。まさに戦後、文部省の通達によって国定教科書を墨で黒塗りしたのと同じことが、「歌」の世界でも行われていました。

自衛隊とプロレス

翌年八月十日には東京・神田《かんだ》共立講堂において『創立一周年記念 警察予備隊歌発表会』が催されました。ゲストとして、当時は日本コロムビアの専属歌手であった安西愛子《あんざいあいこ》と伊《い》藤《とう》久男《ひさお》が招かれ、これら隊歌の他にもヨーゼフ・フランツ・ワーグナーが一八八〇年に作曲した行進曲『双頭の鷲の旗の下に』（作品一五九）が演奏されています。

ちなみに安西愛子は後に、三《み》浦《うら》洸一《こういち》と歌った『―東京オリンピックの歌― この日のために』（作詞 鈴木《すずき》義夫《よしお》／作曲 福井《ふくい》文彦《ふみひこ》）を一九六二年に発表しています。

この楽曲は、日本体育協会（現・日本スポーツ協会）と東京都、オリンピック東京大会組織委員会が選定したいわゆる「国民歌」でしたが、その二年後に発売され、大ヒットを記録した国民的歌手三《み》波春夫《なみはるお》が歌う『東京五輪音頭』（作詞 宮田隆《みやたたかし》／作曲 古賀《こが》政男《まさお》）の陰に隠れ、すっかり忘れ去られてしまいました。

歌詞を繙《ひもと》くと、鼻白むほど青臭い文言が続きます。

この日のために　みがいた技と
この日のために　きたえたからだ
聖火のもとに　悔いなく競う
いのちかがやく　若人われら
感激の　頬くれないに

いま楽し　東京オリンピック
オリンピック　歌え

その行間から、当時の日本人がいかに純朴にスポーツの祭典を心待ちにしていたかが手に取るようにわかります。

その後、一九五二年十一月二八日に保安隊音楽隊へと名称変更された総隊総監部仮分遣隊は、五四年の防衛庁と陸・海・空三自衛隊の発足に伴い、九月十日には陸上自衛隊中央音楽隊として七五名で編制を完了し、須摩も3等陸佐として隊長を拝命します。

中央音楽隊が初めてスポーツイベントに参加したのは何とその翌日のこと。埼玉県・戸田町（現・戸田市）にある戸田漕艇《そうてい》場（戸田橋コース）で、当時は皇太子であった明仁《あきひと》上皇を始め秩父宮《ちちぶのみや》、高松宮《たかまつのみや》両殿下も臨席の下、ケンブリッジ大学エイトクルーも参加した『全日本選手権競漕』での演奏支援でした。

翌年五月十四日には、完成間もない東京体育館で開かれた『第一回アジアバレーボール選手権』（日本、中国、インド、韓国）に参加し、同年十一月には日本プロレスの興行であった『アジア選手権大会』でも演奏しています。

自衛隊とプロレスとは何とも奇妙な組み合わせですが、テレビ放送の開始と共に大人気を博していた力道山《りきどうざん》が遠藤幸吉《えんどうこうきち》や芳《よし》の里《さと》と共に出場。大会最終日の二二日には、東京・蔵《くら》前《まえ》国技館に集まった大観衆の前で力道山が、外国人レスラー、キングコングを破って優勝し、初代アジアヘビー級王座を奪取しています。

この時期、中央音楽隊は誕生したばかりの自衛隊の広報活動も兼ねて、要請があれば分け隔てなく出演を受け容れていた様子が窺えます。樋口隊長は、「現在でも、自衛隊の広報活動の一環として、多くの国民に聞いて頂くためにスポーツイベントには積極的に出向いています。中央音楽隊はＪＲＡの日本ダービーとジャパンカップのファンファーレと表彰式の演奏も担当しています」といいます。

力道山がチャンピオンベルトを巻いたアジア選手権大会で、中央音楽隊がどのような曲目を演奏したかは、現存する資料がないため定かではありませんが、表彰式にはつきものの『見よ、勇者は帰る』ではなかったかと想像されます。

ゲオルク・フリードリヒ・ヘンデルが作曲したオラトリオ『ユダス・マカベウス』の第三部（第五八曲）に登場するこの曲は、一八七四年に開かれた旧海軍の運動会でも演奏されていたように、明治初期から旧軍の軍楽隊が得意としていたレパートリーのひとつとして知られていました。

その後、日本各地で巡回演奏を行うなど、めきめきと実力を身につけていた中央音楽隊の元に一九五九年五月二六日、西ドイツのミュンヘンで開催されていた第五五回ＩＯＣ総会において東京が、立候補していたデトロイト、ウィーン、ブリュッセルを大差で破り、第十八回オリンピックの開催地に選出されたことが知らされます。

自らも戦地に赴いた太平洋戦争。終戦により焦土と化した祖国の復興に、数多くの人々が血の汗を流し、奮闘している姿を身近に見続けてきた須摩には、このアジア初のオリンピック開催が、必ずや国民に勇気と自信を与える、との確信がありました。そんな彼に、オリンピック東京大会組織委員会（ＯＯＣ）から連絡が入ります。

「開会式を含む式典全般への協力を要請す」

それはオリンピックの開・閉会式や表彰式といった式典における演奏依頼でした。

「待ってました」

音楽で世界へ、平和な国に生まれ変わった日本の姿を伝えられる。と同時に自衛隊の規律と練度の高さを内外に知らしめることができる。須摩は早速、一九六〇年八月二五日から九月十一日にわたって開かれた第十七回ローマ大会へ乗り込みます。

開幕一週間前には現地入りし、大規模なスポーツイベントの演出のイロハのみならずイタリアの軍楽隊からは構成や演奏技術をみっちり学び取り、来る東京大会に活《い》かそうというわけです。ところが、「われわれが思ったより、イタリアでは、ローマオリンピックを、さわいでおらないんですね」と、拍子抜けする。

「オリンピック周辺でないと、オリンピックがあるのかなァと、気がつかないくらい。ひどい話は、マラソンのコースにいても、今日は何かあるのか、と聞く人がいたりする」

これではいけないと、気を取り直してみたものの、「パキスタンなんかは、国歌が入村式にはまにあわず、ローマに在住しているパキスタン人を連れて来て、うたわせてみたけれども、どうもふしにならん。どういうテンポか、音程はどれが正しいか、非常に困ったと係の人がいっていました」

パキスタン・イスラム共和国の国歌は、七〇〇を超える応募作から選ばれた『神聖なる大地に祝福あれ』ですが、一九五四年に制定されたためローマ大会当時はまだ国民に十分には浸透していなかったのでしょう。勢い込んでローマ入りした須摩でしたが、想像していた以上に鷹揚《おうよう》な運営に、「日本の国体のほうが、ずっとおもしろいです。（中略）それだけ、今度の日本の演出はやりやすいですね」と、逆に自信を深める結果にもなったと『バンドジャーナル』（一九六一年十一月号）のインタビューに答えています。

ローマ大会終了後、須摩は欧州を隈無《くまな》く廻《めぐ》り、ギャルド・レピュブリケーヌを始めとする各国の軍楽隊や音楽学校を視察し愈々《いよいよ》、東京大会の準備に取りかかります。

絶対にミスが許されない国歌演奏

式典全般をサポートするため一九六四年九月十五日に、陸上自衛隊第1普通科連隊を軸に、海自、空自の自衛官と防衛大学の学生計八六〇名からなる式典支援群が編制され、陸自、海自、空自の音楽隊はその傘下に置かれました。

前述の通り、陸上自衛隊中央音楽隊はその沿革、規模からいっても、自衛隊音楽隊の中ではリーダー格と言って良いでしょう。

海上自衛隊東京音楽隊は、三六名編制だった海上保安庁音楽隊を前身として一九五二年に発足し、一九五六年に防衛庁長官の直轄部隊として編制されました。

また、航空中央音楽隊は一九五七年三月に静岡県浜松基地において厚生活動の一環として音楽部が編成され、同年六月に陸上自衛隊中央音楽隊から三名の転官者を迎えて練習を重ね、六一年に晴れて航空音楽隊となっています（翌年、名称を航空中央音楽隊に改称。隊員数約七〇名）。

　加えて一九五九年には、音楽隊の中では最も序列の高い1等陸佐となっていた須摩は、自ずと式典支援の中心的役割を担うこととなります。

　イタリアから帰国した須摩はすぐさま、各国国歌の正式な楽譜の入手に取りかかります。これがなければ何も始まらない。まずは外務省を通じて各国に照会しますが、「苦労したのは現地で録音した子どもだけが歌っていて音楽がなにも入っていないもの、これが国歌だからアレンジしてくれと持ってきたところなどです。（中略）そんなのが四、五曲くらいありました。もうぎりぎり九月の終わり頃で」（ちなみに東京大会の開催期間は、十月十日から二四日まで。開会式が行われた十日は二年後には体育の日と定められ国民の祝日となりました。現在は、スポーツの日に名称が改められ十月の第二月曜日となっています）。

　須摩がローマ大会で経験した通り、国歌の確認作業は難航を極めます。というのも東京大会には、当時ＩＯＣに加盟していた一一七ヶ国・地域の内、九四ヶ国と地域が参加しましたが、その内、十五ヶ国が初のオリンピック参加でした。

　さらには、カメルーン共和国は一九六〇年一月に、マダガスカル共和国は六月、コンゴ共和国（現・コンゴ民主共和国）も六月に独立したばかりの新興国。中には英保護領北ローデシアのように、東京大会の閉会式当日の十月二四日が独立当日となったため急遽《きゅうきょ》、国名を「北ローデシア」から「ザンビア」へ変更し、閉会式には新たな国旗を掲げて行進した国さえありました。それだけ一九五〇〜六〇年代は世界中で独立が相次ぐ一方で、国際情勢が極めて不安定な時代でもあったことがわかります。

　中央音楽隊の前・隊長で、現在は武蔵野音楽大学の講師として指揮法を教えている武田《たけだ》晃《あきら》氏は、「国歌の演奏では、絶対にミスは許されません。私も特別儀仗など、演奏がある度に外交ルートで楽譜を取り寄せて確認していました。譜面を見ると、ここは間違っているのではないか？　と思う箇所が出て来ることも少なくありません。ただ、もしかしたらこの国ではこういった音も必要なのかも知れない、と考え、譜面に忠実に演奏することを心掛けました」といいます。

　著者も、世界の国歌を取材する過程で、同じ問題に直面しました。正確を期するべく、各国の駐日大使館に協力を依頼するわけですが、その由来や成立過程を即答できる大使館は殆《ほとん》どありませんでした（中には、外務省は国旗・国歌について答える立場にないため協力は控える、といった国さえありました）。

　そこで大使館経由で本国の文化省または内務省、国立大学に確認を取って貰い作詞・作曲者、制作年といった基本情報を入手することから始めなければなりませんでした。

また、国歌の歌詞についていえば、公式な日本語訳を公表している国はほんの僅《わず》かです。理由のひとつは、英語やスペイン語、フランス語といった世界共通語であればまだしも、あらゆる言語の対訳文を各国政府が作成しお墨付きを与えることなど物理的に不可能といった極めて現実的なものです。

また一方で、国歌は国旗と同じくパブリック・ドメインであるため、各国語への翻訳についても敢えて自由度を担保しているといった側面もあります。

いずれにせよ「自由に翻訳して頂いても構いません」といったスタンスは、これを書籍化する側にとっては大きな負担となります。まずは各国語に精通した翻訳者に下訳を依頼し、信頼できる英語訳と照合しながら日本語訳を作成。これを改めて大使館に確認する、といった気の遠くなるような手順を踏まなければなりませんでした。

また国歌は、一度定められれば変わることはない、と思われがちですが実際には屢々《しばしば》改定が行われています。例えば、カナダの国歌『おお、カナダよ！（O Canada)』は、二〇一八年二月に歌詞の一部を変更しました。具体的には「汝の息子たち（in all thy sons command)」といった文言が「我らすべて（in all of us command)」に差し替えられています。

これは、従来の固定化された性別による役割分担に異を唱えるジェンダーフリーの思想が広まったことを受け、国歌も性別を問わない内容にするための改定で、ジャスティン・トルドー首相は、「両性の平等に向けてさらに一歩前進した」と、これを高く評価しました（オーストリア共和国でも同じく男女同権の立場から二〇一二年に一部歌詞の変更が行われています）。

こうした国歌の確認作業に加えて前述の通り、ＩＯＣは開催国に対して国歌の演奏を短縮するように命じていたため、東京大会における演奏時間は僅か三〇秒と定められました。この間に演奏を終えなければならない。

ところが国歌には、曲の長短のみならず、ゆったりとしたテンポが指定されているものもあります。いかに曲調を崩すことなく、ましてや途中で端折ることなくまとめるか。

須摩は一一七ヶ国・地域の国歌の編曲に神経を磨り減らしました（警視庁音楽隊の岡田《おかだ》与祖治《よそじ》隊長によれば、「理想的に三〇秒で終わるのは英国の国歌だけ」だったそうです）。

鳴りを潜めたファンファーレ

逆に、二〇一六年に開催されたリオデジャネイロ大会の表彰式では、『君が代』の演奏時間が一分二〇秒にもなり、あまりにも遅くて歌い辛《づら》いといった苦情が寄せられるといった珍事もありました。

武田晃氏は、「『君が代』は、演奏がかなり難しい国歌といえるでしょう。まず、出だしがユニゾンになっているため揃えるためには音楽隊員の呼吸が合っていなければなりません。また、途中にも音程が取りにくい箇所があります。ただ、中央音楽隊は特別儀仗もあるため、数え切れないほど演奏して来ている。おそらく国内では、つまり世界で最も『君が代』の演奏経験が豊富な楽団です」といいます。

中央音楽隊でトランペット奏者として勤務した経験を持つ藤田《ふじた》泰宏《やすひろ》3等陸尉も、「金管楽器で演奏する際、最も気をつけなければならないのがブレスのタイミングですね。学生の吹奏楽団だと息が続かないので『苔の〜』のところで息継ぎをしてしまう。これではいくら楽譜に忠実に演奏しても、『君が代』の良さは表現できません」と、忠告します。

ＮＨＫが放送終了時に『君が代』の演奏を流し始めたのは一九五二年四月二八日、サンフランシスコ講和条約が発効したその日のことでした。大相撲千秋楽の表彰式で『君が代』を斉唱し始めたのもこの年でしたが、現在も優勝力士が土俵下に姿を現すと館内にいる全員が起立し、『君が代』を斉唱しています。

両国国技館では、今でも録音された音源を流すのではなく、陸上自衛隊東部方面音楽隊や海上自衛隊東京音楽隊が生演奏するしきたりとなっています（大阪では陸上自衛隊第3音楽隊、名古屋《なごや》では陸上自衛隊第10音楽隊、福岡では陸上自衛隊第4音楽隊などが演奏を担当しています）。

中央音楽隊の資料室には東京大会当時、音楽隊員に配られた楽譜の実物が残されています。

オリンピック・エンブレムが貼り付けられた緑色のビニール製フォルダーには、一ヶ国分の譜面が一枚にコピーされたハガキ大の紙がびっしりと収められていました。

表彰式の国歌吹奏は、立ったままでの生演奏だったため、優勝国が決まるとすぐに全員がこのフォルダーから楽譜を探し出し、譜バサミに挟んで演奏を開始しなければなりません。音楽隊員は、各国国歌の演奏技術だけではなく、こうした手順も呼吸を合わせて行えるようにと、大会直前まで練習を繰り返したといいます。

試合前の国歌斉唱時や表彰式で国歌を取り違えるといったトラブルは昨今、多発するようになりました。

特に、演奏者に負担がかかる生演奏を止め、予《あらかじ》め録音された音源を使用するケースが増えたことが原因と考えられます。国歌に関する知識の乏しいエンジニアがコンピューターを操作するため、間違いに気づくことなく流してしまうことが増えたわけです。ハイテク技術の導入による思わぬ落とし穴ともいえるでしょう。

二〇一三年八月にウクライナの首都キエフで開かれた第三二回世界新体操選手権大会で、個人種目別のフープで優勝したウクライナ出身のガンナ・リザディノワ選手が表彰台に上ったところ、ロシア連邦の国歌が流れ、キエフ・スポーツ宮殿は騒然となりました。リザディノワ選手は試合後の会見で、「みんなウクライナの優勝に慣れていないんでしょう。そうとしか説明がつきません。金メダルはいつもロシアの選手が独占するもので、ロシアの国旗が掲げられることのほうが遥かに多いんですから」と、皮肉たっぷりに応じてみせました（AFP二〇一三年八月三〇日付）。

かつて旧・ソ連の影響下にあったウクライナでは、親欧米派の政権と親ロシアの分離独立派が対立を深めていた時期であっただけに、会場は怒号が飛び交う混乱状態に陥りました。三年前から中央音楽隊をまとめる樋口隊長は、「オリンピックでもファンファーレは姿を消しましたね。開会式の国歌も子供たちの合唱といったスタイルが増えました。我々の場合は、正確に演奏することが第一義です。音に関していえば、今は民間でも優れた楽団は幾つもあります。ただ、いざ生演奏をやるとなれば事前に何度も予行演習を行います。学生の場合は学業優先ですし、天候不順で順延となれば民間のオーケストラだと日程調整が難しくなる。それらに耐えられる気力と体力、それに適応能力があるのは、やはり我々だけでしょう」と、胸を張ります。

東京大会の開会式には、防衛大学校の学生たちがプラカードを持ち（標識隊）、中央音楽隊の奏でるマーチに合わせて粛々と入場行進が行われています。準備万端と思われていても、本番当日となると予想外の事態が起こるものです。

一九六二年九月一日に須摩に代わって中央音楽隊の隊長に着任していた斎藤徳三郎が、「ソビエトなどは本番になってからこうやってくれというわけで、あわてます。それで楽譜をみたのですが、もうその当日なので、編曲しなおして書いている時間がありません。（中略）一応黒板にピアノ譜を書いてみんなにやらせたら、みんなも昔と違って大体見当つけてやったから、どうにかできました」というように、楽屋裏はてんてこ舞いだったようです。

最も忍耐力を要したのは、表彰式までの待ち時間だったといいます。表彰式は計一五六回にも及び、延べ二二六三名もの音楽隊員が参加しました。

消防庁音楽隊の隊長だった岡英男《おかひでお》は、「ほんとうに身につまされましたよ。音楽隊は（競技が）終わったら演奏しなければならないんだ。競技がはじまって、それがいつ終わるかわからないのをずっと待機していなければならないわけですからね」［（　）は著者が加筆］と、当時の様子を述懐しています。

航空自衛隊航空音楽隊の松本秀喜《まつもとひでき》隊長も、「表彰なんかほんとうに短い時間ですけれども、やっぱり緊張感ですね。普通の演奏会以上に疲れるんです」と、『バンドジャーナル』（一九六四年十二月号）に掲載された「第18回オリンピックに参加して」と題された座談会で語っています。

冬季オリンピックの長野大会（一九九八年）でファンファーレを吹いた藤田3等陸尉は、「やはり天候が一番の敵ですね。金管楽器の場合、気温が低ければバルブが凍ってしまう懼《おそ》れもあるわけです。札幌大会（一九七二年）に参加した先輩隊員からは、いざとなればピストンにウォッカを流し込むといった裏技を教わりました（笑）。幸い、当日はさほど気温は下がりませんでしたが」と述べています。

クラリネットを担当する宗形義浩《むなかたよしひろ》陸曹長は、「私は暑い方が嫌ですね。いくら暑くても汗を拭うことさえできません。三八度の下、三〇分も直立不動で立ち続けることは決して楽ではありません。それでも我々の隊ではこれまで演奏中に倒れた者はひとりもいませんでした。意地と根性ですね。我々には、いかなる状況であろうと、やり抜くだけの自信があります」といいます。

日の丸の「紅色」はどんな色？

一方、国歌同様、開催国は出場国すべての国旗も用意しておかなければなりません。至極当然のことのようですが、当時はこれがなかなか容易ではありませんでした。

出場国の中には、それまで我が国とは殆ど交流がなかった国々も多数含まれていました。まずもって各国の国旗を一から調べ上げ、忠実に制作することから始めなければなりません。

東京大会では、国旗に用いる生地はナイロンとウール、そしてアクリル合成繊維「エクスラン」の中からセレクトされました。

「エクスラン」は米アメリカン・シアナミド社が開発した羊毛のような肌触りを持ち、染色性の優れた素材で、東洋紡績と住友化学工業が共同出資して日本エクスラン工業を設立し、一九五八年から岡山県の西大寺《さいだいじ》工場で量産体制に入っていた新製品でした。

第十八回オリンピック東京大会組織委員会の競技部式典課は、それぞれの生地にスペイン王国、メキシコ合衆国、グアテマラ共和国の紋章を染め抜いた国旗のサンプルを用意し十五日間、旧・国立競技場に晒して耐久性を確認したといいます。

結果的に大同毛織製のウールは強風に煽《あお》られ破れてしまい、ナイロンは降雨によって染料が流れてしまったため、国旗の生地としてはそれまで実績がなかった「エクスラン」が採用されました。

その後、高品質が認められた「エクスラン」は一九七〇年に開催された日本万国博覧会や九八年の冬季長野オリンピックにも万国旗の生地として使用されています。

国旗の制作は、「染め」と「縫い」の工程から成りますが、最も困難を極めたのが、実は日の丸でした。スタジアムに掲げられた国旗は、競技場に集まった観客にも目視出来るように縦三メートル、横四メートル五〇センチといった大判サイズに定められていたため当時、同大会組織委員会の専門職員として国旗を担当していた吹浦忠正《ふきうらただまさ》氏は、「まずは白色の原反にハギを入れて三段に縫い合わせ、その真ん中を丸く切り取るんです。そこに赤色の生地をはめこむようにして縫い合わせていくのですが、円が歪まないように縫うのは本当に難しい技術でして、現在では悲しいことに、日本ではそれをできる職人が皆無に等しいと思います。それほど難しいんです」と、『スポーツ歴史の検証2017年度版―1964年東京大会を支えた人びと―』の中で語っています。

当時はこうした手作業に対応出来る縫製職人が、「何十人といました。というのも、まだ戦後二〇年も経っていない時期ですから、戦時中に日の丸や旭日旗《きよくじつき》を作っていた職人が沢山残っていたんですね」といいます。

国旗のデザインや寸法、色彩や色調が具体的に定められている国としてはイタリア共和国が挙げられます。首相府次官の通達によって国旗に使用される緑・白・赤の色調はパントン色記号によって明確に定められています。また、アルジェリア民主人民共和国の国旗には、緑と白の地に赤い三日月と星が描かれていますが、緑と赤色は光学上の波長の数値によって規定されており、三日月と星の位置なども幾何学的作図法で定められています。

しかしながら国旗の色調は、布地や染料、染め方によって発色が異なり、厳密に規定すると自由な使用を妨げる懼れがあるため、大半の国では敢えて抽象的な指定に留《とど》めています。

日の丸も同じく、驚くほど大雑把な定義しか為されていません。一九九九年に公布された『国旗及び国歌に関する法律』（第百二十七号）を繙いてみても、「日章旗の制式」（別記第1（第1条関係））には、このように記されています。

1. 寸法の割合及び日章の位置
　　縦　横の三分の二
　日章
　　直径　縦の五分の三
　　中心　旗の中心
2. 彩色
　　地　白色
　　日章　紅色

至ってシンプルな説明です。しかしながら制作するとなれば、そもそも「紅色」とはどういう色なのか、といった定義づけから始めなければなりません。

戦前、日の丸の日章は一枚一枚友禅染で染め抜かれていました。十枚以上重ねた白布の中央部分に鉄製の丸い型枠をボルトで固定し、赤い染料を注ぎ込むといったいわゆる注染といった手法が主に用いられましたが、白地は汚れやすく、純白の旗を仕上げるには大変な労力を要したといいます。

戦後は、サンフランシスコ講和条約の締結を契機に天野《あまの》貞祐《ていゆう》文部大臣が、「共産主義に対する精神的自衛力として、静かなる愛国心高揚のため『君が代』をうたい、『日の丸』を掲げる必要がある」との談話を発表したことから日の丸の需要は急増します。

一般家庭向けの日章旗の生産は当時、皇太子であった明仁上皇のご成婚からオリンピックの東京大会に向けて量産体制に入りますが、当時の染色技術ではオリンピック・マークの五色を染め分けるのも至難の業であったようです。

日の丸の日章の「紅色」をどうするか。困った吹浦氏は、「日本色彩研究所と、資生堂研究所の協力を得て、まず、５００枚の日の丸を一般家庭からかき集めました。（中略）そうしてかき集めた日の丸を、日本色彩研究所が分析して、『色見本表』というものを作ってくれました。はみ出している色票は除外して、平均値を求め、それを日の丸の『赤色』とすることに決めたんです」（「スポーツ歴史の検証２０１７年度版―１９６４年東京大会を支えた人びと――」）と、苦労の末に漸《ようや》く日章の色を定めました。

国旗が出来上がると、競技部式典課は各国のＮＯＣにでき上がった国旗と布見本、色見本を添えて送り、確認作業に入ります。というのも、一九五八年に東京で開催された第三回アジア競技大会の女子走り幅跳びの表彰式で、当時は国連安保理常任理事国であった中華民国（台湾）の国旗「青天白日満地紅旗」を逆さまに掲揚するといった大失態を演じていたため、組織委員会としては何が何でも正しい国旗を、正しく掲揚することに神経を遣いました。些細《ささい》なミスも大会運営上の落ち度ではなく、国の恥だと考えられていた時代でした。

しかしながら国旗には、ブラジル連邦共和国のように表から見ても裏から見ても同じデザインとなるように定められているものや（中央の白い帯に描かれた「秩序と進歩」といった意味合いの“ORDEM E PROGRESSO”の文字が反転しないように）、パラグアイ共和国のように表と裏が異なるデザインの国旗など様々なバリエーションがあり、掲揚の仕方もオランダ王国やパキスタン・イスラム共和国のように縦長に掲揚することを禁じている国もあります。各国が定めたルールに則って作成し、掲揚しなければ礼を失することになります。

最も難航したアイルランドの国旗

リオデジャネイロ大会（二〇一六年）においても、射撃女子十メートルエアピストルの表彰式で、中国の張夢雪《メンシュエ・ジャン》選手が優勝した際にセンターポールに掲げられた国旗「五星紅旗」が正式なものではないと、中国政府が大会組織委員会に抗議を申し入れるといったハプニングがありました。

「五星紅旗」は、一九四九年七月に政治協商会議が主催した国旗コンテストで選ばれた曾聯松が考案したデザインです。赤地に中国共産党を意味する黄色い大きな星がひとつと小さな四つの星（農民、労働者、小資産階級、愛国的資本家）が配されていますが、この四つの星が等間隔で大きな星に向いているはずが、平行に配置されていたため、「人民の団結」といった大義が反故にされ、結果的に同国の国家体制を揶揄する結果となってしまいました。

また、二〇一八年八月にインドネシア共和国の首都ジャカルタで開催されたアジア大会の自転車競技女子個人ロードレースでは、中華民国（台湾）選手のスタートゲートの柱に誤って台湾の国旗「青天白日満地紅旗」が貼られていたことで物議を醸しました。

台湾は、ＩＯＣやアジア・オリンピック評議会（ＯＣＡ）が主催する国際競技会では

「中華台北」といった名称を使い、国旗の代わりに台湾のＮＯＣの旗を用いるルールとなっているため、大会の組織委員会が中国と台湾両国に対して謝罪する事態ともなりました。

さらにはオリンピックのロンドン大会（二〇一二年）で、コロンビア共和国と対戦した北朝鮮民主主義人民共和国の女子サッカーチームが電光掲示板で紹介された際、同国の国旗の代わりに大韓民国（韓国）の国旗「太極旗」が表示され、北朝鮮がこれに猛烈に抗議し、試合開始が一時間遅れるといった事件がありました。

このように、たかが国旗、されど国旗。一歩間違えば、ほんの些細なミスが国際関係の悪化を引き起こすことさえあります。

吹浦氏によれば、東京大会の際に最も難航したのが、アイルランドの国旗だったといいます。同国の旗は緑、白、オレンジの「縦三色」ですが、その色調を巡って、「やりとりは八回に及びました。（中略）彼らいわく、三色ともアイルランド人の心に響く色合いがある」。

同国は戦後、英連邦を離脱し、共和制へと移行。一九五五年に国連加盟を果たしたばかりであったため、新たな国旗の扱いには殊の外、神経質になっていたようです。しかしながらインターネットがまだないどころか、ファックスさえ普及していなかった時代です。

すべては手紙のやり取りで確認作業を進めざるを得ず、漸く同国の承認を得られたのは開幕四ヶ月前のことだったといいます。

各国の国旗デザイン、色調が確認され、日本信号旗、国際信号旗、そして東京旗商工組合によって約三〇〇〇枚の国旗が作られ、関係者に配布され、何とか準備は整いました。

大会期間中は、延べ五三五名の自衛隊式典支援群の旗章隊が国旗の掲揚降納を担いました。開会式を担当したのは航空旗章隊。一一〇本の国旗を予め定められた二五秒ぴったりで掲揚し、完璧《かんぺき》に任務を遂行しています。この掲揚降納といった作業は簡単そうに見えて、かなりの熟練を要し、特に屋外では風向きや強さ、滑車の特徴や揚げ綱のたぐり方なども考慮しなければなりません。

また、テレビ画面を通じて世界中の人々が注視しているため、表彰式においても細心の注意を払わなければならない。儀礼用国旗を吊《つ》り下げる場合、通常は正規の上下左右を時計回り方向に九〇度回して吊り下げますが、米国の星条旗は、星のある部分を向かって左上部にする、と『外国武官等の部隊等訪問時における儀礼用国旗の使用について（通達）』に定められているように、国によってマナーは異なります。

結果的に、旗章隊はひとつのミスも犯さず大会を終えることができましたが、オリンピ

国立競技場で各国の国旗掲揚の訓練をする自衛隊員。第18回東京五輪大会、1964年8月21日（写真提供：共同通信社）

ックのように種目数が極めて多いスポーツイベントともなると、これは極めて珍しい成功例だったといえます。

オリンピックを始めとする国際競技大会は、我々が最も国旗・国歌を身近に感じる瞬間です。国旗掲揚、国歌斉唱は、自らが帰属する国家について考え、他国の歴史や文化、思想、信仰に想いを巡らす得難い時間を与えてくれます。私自身、様々なスポーツイベントを取材する過程で、各国の人々の国旗、国歌に向けられた敬慕といったものを幾度となく目の当たりにする機会に恵まれました。

米国では、メジャーリーグ・ベースボール（ＭＬＢ）やナショナル・フットボール・リーグ（NFL）の試合前には観客全員が起立し、国歌斉唱、国旗掲揚が行われます。この時、選手や観客は必ず右手を心臓のある左胸に当てますが、これは米国発祥の慣習で、公式行事で『忠誠の誓い（Pledge of Allegiance）』を暗誦《あんしょう》する際のポーズとされています。

この誓いは、「私はアメリカ合衆国国旗と、その国旗が象徴する共和国、神の下にひとつとなって分かたれず、全ての人に自由と正義が約束された国に忠誠を誓います（I pledge allegiance to the Flag of the United States of America, and to the Republic for which it stands, one Nation under God, indivisible, with liberty and justice for all.）」といった文言から成り、単なる愛国心の枠を超えた米国人としてのアイデンティティの拠《よ》り所ともなっています。

『星条旗』への強い思い入れ

それだけに一七七七年六月十四日に行われた第二回大陸会議の海事委員会で制定された国旗『星条旗』に対する米国人の思い入れは殊の外強く、国旗制定記念日（Flag Day）や七月四日の独立記念日には公的機関のみならず多くの一般家庭でも星条旗を掲げる光景が見られます。

国旗の取り扱いや掲揚の方法も、『合衆国法典』（United States Code, U.S.C.）の第四編第一章によって厳密に定められており、「悪天候の日には掲げてはならない」、「地面や床、水、商品など、その下にあるものに触れてはならない」、「国旗が掲揚に値しない状態になった場合には丁重に破棄する。焼却することが望ましい」といったように、事細かに禁止項目が列記されています。

また、一九六八年には星条旗を「切断、毀棄《きき》、汚損、踏みにじる行為」を処罰する『国旗冒瀆《ぼうとく》処罰法』（The Flag Protection Act of 1968 P.L. No. 90-318, 82 Stat. 291）も制定されています（一九八九年には「合衆国国旗を故意に切断、汚損、物理的に毀損、焼却、床もしくは地面に置き踏みつける者は、罰金刑もしくは一年をこえない期間の収監刑、または併刑とする」と規定する『国旗保護法』（The Flag Protection Act of 1989, 103 Stat. 777, 18 U.S.C.A. § 700）が制定されましたが、これは連邦最高裁が憲法違反と判断したため廃止されました）。

我が国でも、一九九九年に公布された『国旗及び国歌に関する法律』によって日章旗は国旗に、『君が代』は国歌として制定されました。

その結果、入学式や卒業式における国旗掲揚・国歌斉唱の実施率は高まりましたが、『新学習指導要領』第六章第三の三を根拠に生徒と教職員が国歌斉唱時には起立を求められることから、日本国憲法が保障する思想・良心の自由に反するとの意見も根強く聞かれます。

しかしながら、公務員となった者には憲法宣誓と服務宣誓が課せられているとはいえ（国家公務員法第六条、九七条、地方公務員法第三一条など）、実のところ同法に強制力はなく、あくまでも義務を負うとされている者の倫理観や道徳観に訴える、といった範疇《はんちゅう》に留まっています。

我が国の場合は法律で規制するよりは、周囲と同調する「波風を立てない」といった精神的圧力の方が効果的といった側面もあるでしょう。

また、我が国においては刑法九二条（外国国章損壊等）で、「外国に対して侮辱を加える目的で、その国の国旗その他の国章を損壊し、除去し、又は汚損した者は、二年以下の懲役又は二〇万円以下の罰金に処する」とされているにもかかわらず、日の丸はこれに含まれてはいません。そのため、たとえ日の丸を公の場で燃やしたとしても罪に問われることはありません。

過去に器物損壊罪に問われたケースはありましたが、基本的に自国の国旗を毀損しても、犯罪とはならない。また、かつては旗日ともなれば各家庭でも日の丸を掲げていましたが、今では公共機関を除けば殆ど見かけることはなく、他国と比較すれば法制上はかなり緩やかな規制となっています。他方、海外においては数多くの国で国旗・国歌を貶《おとし》める行為は、厳格な処分対象となっています。

例えばフランス共和国では、公衆の面前で国旗に侮辱行為を行う者には七五〇〇ユーロ（約八八万五〇〇〇円）の罰金刑が科せられ、集会においてこれを行った場合には加重刑となり六ヶ月の禁錮《きんこ》刑。公共の場で国旗に侮辱行為を行う、または流布・放送する者には一五〇〇〇ユーロの罰金刑（約十七万七〇〇〇円。重犯の場合は加重あり）となります。

また、フィリピン共和国では同国の文化政策を担う国家歴史委員会（ＮＨＣＰ）が二〇二〇年一月に、国歌斉唱時に踊っていた男が拘束されたことを受け、国旗・国歌や紋章などの取り扱いを定めた共和国法第八四九一条に基づき、「国民は、国歌に対して尊敬の念を示さなければならない。国際競技会などを除き、遊興目的でみだりに国歌を歌ってはならない」と示達し、同・共和国法を犯した場合には五〇〇〇から二万フィリピン・ペソ（約一万から四万円）の罰金または一年以下の懲役を科すと命じています。

血を流して勝ち取った独立のシンボル

このように世界の国々では、国旗・国歌は国家の象徴として、丁重に扱われています。ナチス・ドイツの例を出すまでもなく、国旗・国歌は権力者によってプロパガンダの道具として利用されることも少なくありません。しかしながら、大半の国々では国民から絶大な支持を得ていることは疑いようのない事実です。

その理由は明らかで、米国やフランスといった先進国からアジア、アフリカの新興国に至るまで国旗・国歌は、国民が自ら血を流して勝ち取った独立のシンボルであり、繁栄の篝火《かがりび》であるからに他なりません。

他国に国土を蹂躙《じゅうりん》された経験のない我々日本人には理解し辛いところですが、前述の通り、多くの国々の国歌は、闘いを讃美《さんび》し、勝利を祝う文言で埋め尽くされています。

デンマーク王国の国歌『麗しき国』は、その題名とは裏腹です。

鎧に身を固めた英雄たちは
かつて　ここでつかの間の休息を得て
ふたたび敵を追いつめんと進軍した

彼らの屍は　今はこの地に眠る
石柱と塚の下に

このように、凄惨《せいさん》極まりない戦場の様子が綴《つづ》られており、キューバ共和国の国歌『バヤモの歌』は、

祖国は誇りをもって　おまえたちを見つめる
栄えある死を恐れるな
祖国のために死ぬのは生きること
鎖のもとで生きるのは
屈辱と屈従の汚名のもとに生きること
ラッパの音に耳を傾けよ
勇敢な闘いに向かって　走れ

と、まるで東条英機《とうじょうひでき》陸軍大臣が一九四一年に全陸軍将兵に対して示達した『戦陣訓』

（陸訓第一号）の「生きて虜囚の辱を受けず、死して罪禍の汚名を残すこと勿れ」（第八名を惜しむ）を思わせる恥の精神が謳《うた》われています。

それだけ独立への道程は長く過酷であり、血にまみれた歌詞であろうとも始祖たちの労苦を忘れず、勝ち得た独立を手放さないためにも国民の心をひとつにすべく国旗・国歌は高く掲げられ、愛唱されているのです。

スポーツイベントの場においてもこうした一体感の熟成に国旗・国歌は大きな役割を果たしています。

ＦＩＦＡワールドカップのブラジル大会（二〇一四年）、開催国のブラジル代表は開幕戦でクロアチアと対戦しました（六月十二日）。ブラジルの国歌は、一節だけでも優に二分はかかるという長い国歌として知られています。

陸上自衛隊中央音楽隊でクラリネットを担当する河本直美《かわもとなおみ》2等陸曹も、「テンポが速くて転調も多く、とても演奏が難しい国歌です。冬季で指がかじかんでいればうまく音が出せるかどうか」といいます。

この大会からＦＩＦＡが試合前の国歌斉唱は九〇秒と定めたため、会場となった『アレーナ・デ・サンパウロ』には六〇秒のショートバージョンが流されました。ところが、伴奏が終わっても選手と七万人もの大観衆は歌うことを止めようとせず、手拍子をし、足を鳴らし、肩を組みながらアカペラで一節を歌い切りました。ブラジルのエースストライカー　ネイマール選手は、このブラジル国民の熱い想いに感極まり、試合前にもかかわらず涙を流さざるを得ませんでした。

また、多くの国々には、第二の国歌と称される愛唱歌があります。メキシコ合衆国の場合は『シエリト・リンド（Cielito Lindo）』がこれにあたります。オリンピックやＦＩＦＡワールドカップともなれば、数万人もの大観衆が声を合わせて熱唱し、代表選手を後押しすることで知られています。

二〇一五年三月二八日にロサンゼルス・メモリアル・コロシアムで開かれたサッカーの国際親善試合において、メキシコ代表チームがエクアドル共和国代表に一対〇で勝利した際にも、九万人ものサポーターの歌声がスタジアムを揺るがせました。

メキシコは、全人口の七三％がサッカーファンを自認する中南米随一のサッカー大国です。代表チームの実力も、ワールドカップでは六大会連続でベスト十六入りし、二〇一二年のロンドン・オリンピックでは金メダルを獲得するなど折り紙付き。

首都メキシコシティにある『エスタディオ・アステカ』が、かつては最大収容能力が十三万一二〇六人といった巨大スタジアム（現在は八万七〇〇〇席に縮小）であったようにサッカー人気は衰えることを知りません。今やスポーツイベントでは恒例となっているスタジアムに人の波を作る「ウェーブ」も、元はと言えばメキシコから始まったパフォーマンスでした（当初は「メキシカン・ウェーブ」と称されていました）。

サッカー不毛の地と言われていた米国で、一九九六年にプロサッカーリーグ（ＭＬＳ）が発足した際、誰もがその商業的成功には懐疑的でしたが、窮地を救ったのが米西海岸を中心に居住していたメキシコ系移民たちでした。

特にカリフォルニア州は、米墨戦争によってニューメキシコやネバダなどと共に割譲されるまではメキシコ領であったためメキシコ系移民の人口密度が高く、メキシコ人であれば誰もが知っている『シエリト・リンド』を共に歌うことで故郷に想いを馳《は》せ、同郷心を確認し合います。

『シエリト・リンド』は、一八八二年にキリノ・メンドーサ・イ・コルテスが作曲した素朴なラブソングです。メキシコシティで生まれたコルテスは、メキシコ革命に軍楽隊の中佐として従軍し、首都近郊のプエブラに駐屯していました。

この時に作曲した『ヘスシータ・エン・チワワ（Jesusita en Chihuahua）』が革命家のパ

ンチョ・ビリャにいたく愛され、彼が行軍時に好んで演奏させたことからコルテスの名も全国に知れ渡りました。

『シェリト・リンド』は直訳すると「美しい空」となりますが、「Cielito」には「かわいい」といった意味もあるため、「僕の愛しいひと」と意訳されます。黒い瞳《ひとみ》がきれいな髪の長い女性に、「歌おうよ、歌えば元気が出るから」と語りかける歌詞からサポーター・ソングとして広まったと考えられています。

eスポーツの拡がり

歴史の伝承者でもある国旗は、これからもそれぞれの国民に尊ばれ、国歌は愛唱され続けていくことでしょう。しかしながらスポーツにおいては今後、国境が国家を分かつ、といった常識がより希薄になって行くものと思われます。

二〇一九年に我が国で開催されたラグビー・ワールドカップを観戦して、日本代表チームに海外出身の選手たちが数多く選出されていることに驚かれた読者も多いことでしょう。

通常、国の代表チームには出場国の国籍を有する選手たちが選ばれます。例えばサッカーを例に取れば、帰化していることが必須条件となります。さらにはA代表で公式戦に一度でも出場した選手（親善試合は除く）は他国の国籍を取得してもその国の代表にはなれないルールとなっています。

ところがラグビーの場合は（他国の代表歴がなければ）、自分の出生国であるか、両親か祖父母の誰かが生まれた国、もしくは三年以上継続して居住した国（二〇二〇年十二月三一日からは五年）であれば代表資格を得ることができます。

このルールの起源は、大英帝国が世界各国に植民地を有していた時代にまで遡《さかのぼ》ります。英国人であればどこの国の代表選手にでもなれる、といった宗主国の都合で作られた基準でしたが、結果的にニュージーランドやオーストラリア連邦、南アフリカ共和国といった強豪国を育てることにもなりました。

自らの祖国とは異なった国の代表になることは苦渋の決断でもありますが、こうした国籍条項が他のスポーツにも拡がることで、少なくともスポーツにおいては国別対抗戦といった概念が弱まる可能性があります。

また現在は、eスポーツ（Electronic Sports）と称されるコンピューターを用いた対戦型ゲームが人気を博しており、競技人口は全世界で一億人、観戦・視聴者数は三億八〇〇〇万人にも上るといわれています。

特にミレニアル世代（十八〜三四歳）は、L・E・Kコンサルティングの調査によればテレビに時間を消費している割合は十三％足らずで、二〇％がオーバー・ザ・トップ（OTT）と称されるHuluやNetflixといったインターネットを介した動画配信などマルチメディアを提供するサービス、十八％がインターネットとなっています。

彼らの三割近くがeスポーツを好むといったデータからもテレビの前でスポーツ観戦するといった習慣が過去のものとなりつつあるのがわかります。こうした傾向は、新型コロナウイルスの感染拡大により外出自粛が恒常化したことから、さらに強まっているものと思われます。

最初に開かれた全国規模のゲーム大会は一九七四年に我が国で開催された『セガTVゲーム機全国コンテスト 東京決勝大会』といわれていますが、今やeスポーツは、IOCも無視できないほどの拡がりを見せています。

実際に身体を使わずに戦う点においては、初期のオリンピックで行われていた芸術競技を思い起こさせますが、こういったバーチャルなスポーツ競技が国境という人為的な区分を近い将来、無力化してしまうこともあり得ます。

このように今後、近代国家の形態が変容を遂げるに従い、国旗・国歌が纏《まと》うシンボルとしての役割も様変わりする可能性があります。思想や人種、宗教といったリージョナリズム（地域主義）が拡がり、離合集散を繰り返しながら、さらに細分化された国家が増殖して行くのか。それとも従来の枠組みに囚《とら》われないインターネットやＡＩ（人工知能）で繋《つな》がるボーダーレスな共同体が現出するのか。

スポーツも、人類が持って生まれた肉体、精神を最大限に鍛え上げて伸ばせる記録は今世紀に入り限界に近づいています。例えば一〇〇メートル走の世界記録は、ウサイン・ボルト選手が二〇〇九年八月十六日に叩《たた》き出した九秒五八ですが、我々が八秒の壁を破ることはまずあり得ません。

また、メジャーリーガーが投げる最速の投球速度は、二〇一〇年九月二四日に当時シンシナティ・レッズに所属していたアロルディス・チャップマン投手が記録した一〇五・一マイル（一六九・一四キロ）ですが、これも人工アームや薬物を用いることなく生身の我々が一二〇マイルの剛速球を投じることは不可能です。

二一世紀に入り、スポーツに対する興味が薄らぎ、ｅスポーツに代表される仮想対決に注目が集まる背景には、こうした人類の限界への挑戦が終焉を迎えつつあることにも起因しています。

第三二回オリンピック東京大会はあるいは、未来の国旗・国歌、そしてスポーツの行く末を占うエポックとなるかも知れません。

おわりに

本書を執筆していた二〇二〇年三月二四日、ＩＯＣが同年七月二四日に開幕を予定していた第三二回オリンピック東京大会を、新型コロナウイルスの感染拡大に伴い延期する、と発表したニュースが飛び込んできました。オリンピックはこれまで、戦争を理由に夏冬合わせて五回中止されたことはありましたが、延期されたのは今回が初めてのケースでした。

オリンピックを始めとする国際競技大会は、各国の国旗・国歌が世界の注目を浴びる檜《ひのき》舞《ぶ》台《たい》です。また、その開会式や表彰式で繰り広げられる様々なドラマは、近代という時代における国家の有り様を、つぶさに映し出す合わせ鏡でもあります。

私が、国歌・国旗に興味を抱いたのは三〇年ほど前のことでした。取材で五〇余りの国々を訪れ、各地で国歌を耳にし、国旗を仰ぎ見る機会に恵まれました。

タイ王国では、街角でも定時に流される国歌を耳にしてその場に立ち止まり、スコットランドのパブでは日中からビール片手に地元のサッカーファンと肩を組んで国歌を熱唱しました。

米海軍基地では、厳粛に掲揚される国旗のはためきに畏敬の念を抱き、催涙ガスが充満する大韓民国の地下街では、霞む視界の先に軍事政権に立ち向かう学生たちが打ち振る国旗をしっかと見届けてきました。

スポーツイベントにおいて国旗・国歌の存在価値を、私が初めて認識したのは一九九四年七月十七日、米カリフォルニア州パサデナで開催されたＦＩＦＡワールドカップ・アメリカ大会の決勝戦、イタリア共和国対ブラジル連邦共和国戦の取材に訪れた時のことでした。

欧州と南米を代表する両雄対決を前に、国歌を口ずさみながらすっくと立つ両国選手の凜々《りり》しい雄姿に感動を覚えたのが事の始まりでした。

今回のオリンピック延期の原因となった新型コロナウイルスは、国境など物ともせずにすべての人類に襲いかかりました。戦争と同じく感染症のパンデミックは古来、私たちの政治、経済、社会構造に様々な変革をもたらし、歴史を塗り替えてきました。

十四世紀には、欧州の全人口の三分の一にあたる人々が命を落としたペスト（黒死病）の大流行により農奴解放が促されました。一九一八年に発生したスペイン風邪は、全世界を戦火に巻き込んだ第一次世界大戦の反省から作られた史上初の国際平和機関である国際連盟（現・国際連合）の発足に影響を与えたともいわれています。

新型コロナウイルスもまた、戦後最大のパラダイムシフトを引き起こすことが容易に想像されます。

感染終息後、国家という枠組みそのものが様変わりする可能性も大いに秘めています。国連のアントニオ・グテーレス事務総長が二〇二〇年三月二三日に、感染が広まりやすい紛争地や難民キャンプを救済すべく「世界中に即時の停戦を求める」と呼びかけたように、人類共通の敵と対峙《たいじ》することで、私たちは憎しみ合うことの愚かさ、ナショナリズムの滑稽さに気づくことでしょう。

国家のシンボルである国旗・国歌を必要としない世界が、人間社会の理想形であることは言を俟《ま》ちません。古代ギリシャには「カロカガティア」（kalokagathia）という言葉があります。思考や感情、行動において「美」（kalos）と「善」（agathos）が完全に調和した状態を表し、オリンピックにおける競技精神の理想像として位置付けられてきた理念です。

人類の健全なる肉体、精神を謳歌する平和の祭典オリンピックが東京の地で幕を開ける頃、私たちはどのような歴史の転換期を目撃していることでしょう。オリンピックの父と讃《たた》えられたクーベルタン男爵は、「自己を知る、自己を律する、自己に打ち克《か》つ、これこそがアスリートの義務であり、最も大切なことである」と言い残しています。光り輝く未来を構築できるかどうかは、私たちが「カロカガティア」を継承できるかどうかにかかっているといっても過言ではありません。

最後にこの場をお借りして本書を、「生」の美しさ、「仁」の尊さを教えてくれた亡き父に捧《ささ》げます。また、本書作成にあたり煩雑な編集作業を担って下さったＫＡＤＯＫＡＷＡの竹内祐子氏、貴重な資料をご提供頂いた陸上自衛隊中央音楽隊には心から感謝の意を表します。

弓狩匡純

二〇二〇年四月二二日

主な参考文献

【書籍】

アドルフ・ヒトラー『わが闘争（上）（下）』角川書店、１９７３年
アレン・グットマン『スポーツと帝国―近代スポーツと文化帝国主義―』昭和堂、１９９７年
池田勝、守能信次編『講座・スポーツの社会科学４　スポーツの政治学』杏林書院、１９９９年
板垣英憲『小中学校の教科書が教えない日の丸・君が代の歴史』同文書院、１９９９年
井筒俊彦訳『コーラン』岩波書店、１９５７年
大阪毎日新聞社編『欧州観光記』大阪毎日新聞社、１９２８年
岡崎雄兒『歌で革命に挑んだ男　中国国歌作曲家・聶耳と日本』新評論、２０１５年
大森盛太郎『日本の洋楽（１）』新門出版社、１９８６年
小田嶋孝司『「日の丸」「君が代」ってなに？』毎日新聞社、１９９９年
勝安芳（海舟）『海軍歴史・２』海軍省、１８８９年
刈安望『最新版　国旗と国章図鑑』世界文化社、２０１８年
刈安望『世界の国旗・国章歴史大図鑑』山川出版社、２０１７年
『慶応義塾百年史〈中巻　前〉』慶応義塾、１９６０年

講談社編『東京オリンピック：文学者の見た世紀の祭典』講談社、２０１４年
後藤正治『ベラ・チャスラフスカ 最も美しく』文藝春秋、２００４年
坂上康博『スポーツと政治』山川出版社、２００１年
桜井万里子、橋場弦『古代オリンピック』岩波書店、２００４年
佐野之彦『N響80年全記録』文藝春秋、２００７年
『スポーツ歴史の検証２０１７年度版―１９６４年東京大会を支えた人びと―』公益財団法人笹川スポーツ財団、２０１８年
ジュール・リメ『ワールドカップの回想』ベースボール・マガジン社、１９８６年
スティーヴン・アリス『スポーツビズ―スポーツ界のマネー事情―』ダイヤモンド社、１９９２年
ゾーイ・フラード＝ブラナー、アーロン・M・グレイザー『ファンダム・レボリューション：SNS時代の新たな熱狂』早川書房、２０１７年
孫基禎『ああ月桂冠に涙―孫基禎自伝』講談社、１９８５年
武田晃、陸上自衛隊中央音楽隊『陸上自衛隊中央音楽隊の吹奏楽入門』ヤマハミュージックエンタテインメントホールディングス出版部、２０１７年
田中伸尚『日の丸・君が代の戦後史』岩波書店、２０００年
ダフ・ハート・デイヴィス『ヒトラーへの聖火―ベルリン・オリンピック』東京書籍、１９８８年
辻田真佐憲『世界軍歌全集 歌詞で読むナショナリズムとイデオロギーの時代』社会評論社、２０１１年

辻原康夫『国旗と国名由来図典』出窓社、２０１０年
デイヴィット・クレイ・ラージ『ベルリン・オリンピック１９３６―ナチの競技』白水社、２００８年
デイビッド・ゴールドブラット『オリンピック全史 The Games』原書房、２０１８年
Dean Cromwell “Championship Technique In Track And Field : A Book For Athletes, Coaches, and Spectators” Whittlesey House/McGraw-Hill Publishing Company. Inc., 1941
トニー・メイソン『英国スポーツの文化』同文館出版、１９９１年
V・シムソン、A・ジェニングズ『黒い輪 権力、金、クスリ―オリンピックの内幕』光文社、１９９２年
吹浦忠正『国旗で読む世界史』祥伝社、２０１７年
吹浦忠正『国旗で読む世界地図』光文社、２００３年
松岡完『ワールドカップの国際政治学』朝日新聞社、１９９４年
Michael A. Banks “More Black Athletes in the Media” Xlibris Corporation, 2014
三島由紀夫『決定版 三島由紀夫全集33巻 評論8』新潮社、２００３年
森護『ユニオン・ジャック物語』中央公論社、１９９２年
弓狩匡純『国のうた』ＫＡＤＯＫＡＷＡ、２０２０年
吉田進『ラ・マルセイエーズ物語―国歌の成立と変容』中央公論社、１９９４年
陸上自衛隊中央音楽隊編『中央音楽隊創隊60周年記念誌』陸上自衛隊中央音楽隊（非売品）、２０１

１年
Louis Moore "We Will Win the Day: The Civil Rights Movement, the Black Athlete, and the Quest for Equality" ABC-CLIO, 2017
歴史教育者協議会『日の丸・君が代50問50答』大月書店、１９９９年
渡邉陽子『オリンピックと自衛隊』並木書房、２０１６年

【論文】
内山正熊『明治宮廷外交の沿革：明治二年の英国王子来朝を起点として』法學研究：法律・政治・社会50、慶應義塾大学法学研究会、１９７７年
小野善康『国旗・国歌法の立法過程の検討―憲法学の立場から―』アルテスリベラレス68、岩手大学人文社会科学部、２００１年
加藤大仁『スポーツとナショナル・アイデンティティー：沖縄海邦国体「焼き捨てられた日の丸」事件を手掛りに』体育研究所紀要40、慶應義塾大学体育研究所、２００１年
木村佐千子『ドイツ語圏の国歌について』獨協大学ドイツ学研究53、獨協大学、２００５年
金誠『スポーツにみる植民地権力とナショナリズムの相克 第11回オリンピック競技大会（ベルリン）の金メダリスト孫基禎を中心に』現代韓国朝鮮研究16、現代韓国朝鮮研究、２０１６年
笠原潔『幕末横浜居留地での英仏軍楽隊野外演奏曲目』放送大学研究年報24、放送大学研究年報、２００７年

黒岩哲保『スポーツと政治―オリンピックは聖火をどう受容したのか―』尚美学園大学総合政策学部学生懸賞論文、尚美学園大学、２０１５年

黒須朱莉『ＩＯＣにおける国歌国旗廃止案の審議過程（１９５３‐１９６８）―アベリー・ブランデージ会長期を中心に―』一橋大学スポーツ研究第31号、一橋大学スポーツ科学研究室編、２０１２年

斎藤文彦『プロレスの社会学的考察――「スポーツと文明化／興奮の探求」より――』修士論文、早稲田大学大学院スポーツ科学研究科、２０１２年

鈴木正『黎明期の日本のスポーツとその導入に尽力した人々（特にストレンジ氏について）』一橋大学研究年報・自然科学研究12、一橋大学、１９７０年

冨田幸祐『１９６４年東京オリンピックにおける参加国・地域に関する史的研究』笹川スポーツ財団 笹川スポーツ研究助成（奨励研究）２０１７‐２０１８年

中野由美子『「運動の時代」と少数派集団―サンフランシスコ湾岸地区における社会運動の軌跡―』成蹊大学文学部紀要53、２０１８年

中山厚生『カール・ディームの研究（Ⅱ）：主として、１９１０年代の体育・スポーツ思想について』天理大学学報39、天理大学学術研究会、１９８８年

新田浩司『アメリカ合衆国における国旗に対する忠誠の誓い（pledge of allegiance to the flag of the United States）の法的問題について』地域政策研究7、高崎経済大学地域政策学会、２００４年

野上玲子『オリンピックのコスモポリタニズムにおける平和構想―カント哲学を参考にして―』体

育・スポーツ哲学研究39、日本体育・スポーツ哲学会、２０１７年
平松携『オリンピックにおける政治介入とナショナリズムに関する考察』尾道短期大学研究紀要30、１９８１年
福士輝美『近代オリンピックと文化プログラム―２０２０年東京オリンピック・パラリンピック競技大会に向けて―』レファレンス65、国立国会図書館調査及び立法考査局、２０１５年

弓狩匡純（ゆがり・まさずみ）

作家・ジャーナリスト。1959年兵庫県生まれ。米テンプル大学教養学部卒業後、世界50ヶ国以上を訪れ、国際政治・経済・文化からスポーツに至る幅広い分野で取材・執筆活動を続ける。著書に被爆地・広島の戦後復興をヒューマン・ドキュメンタリーとして描いた『平和の棲《すみか》 広島から続く道の先に』（集英社クリエイティブ）、大手40数社の企業理念と波瀾に満ちたその歴史に迫った『社歌』（文藝春秋）、偉人たちの名言を綴った『The Words 世界123賢人が英語で贈るメッセージ』（朝日新聞出版）、『国際理解を深める世界の国歌・国旗大事典』『世界の名言大事典 英語でふれる77人のことば』、高校生と被爆者の絵画を通じた交流を追った『平和のバトン 広島の高校生たちが描いた8月6日の記憶』（以上、くもん出版）、『国のうた』『世界の国歌・国旗』（以上、KADOKAWA）などがある。

国旗《こつき》・国歌《こつか》・国民《こくみん》

スタジアムの熱狂《ねつきよう》と沈黙《ちんもく》

弓狩匡純《ゆがりまさずみ》

2020年 6月 10日　初版発行
2024年 12月 5日　再版発行

◆◇◇

発行者　山下直久
発　行　株式会社KADOKAWA
〒102-8177　東京都千代田区富士見2-13-3
電話　0570-002-301（ナビダイヤル）

装 丁 者　緒方修一（ラーフイン・ワークショップ）
ロゴデザイン　good design company
オビデザイン　Zapp!　白金正之
印 刷 所　株式会社KADOKAWA
製 本 所　株式会社KADOKAWA

角川新書

ISBN978-4-04-082357-7 C0222

JASRAC 出 2004047-402